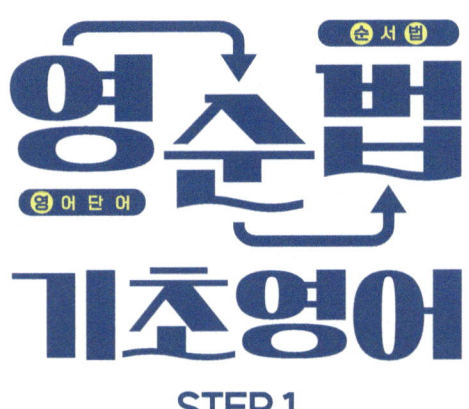

STEP 1

Jeff 지음 (제프스터디 대표)

한국어를 잘 하시는 여러분! 반드시 영어도 잘 하실 수 있습니다.

제프스터디는 영어초보분들께 영어자신감을 반드시 안겨드립니다.
지금 바로 제프스터디를 방문해보세요!

www.jeffstudy.com

영순법 기초영어 STEP 1
(짧은 문장 만들기 편)

개정판 1쇄 발행　2025년 1월 20일
개정판 3쇄 발행　2025년 8월 19일

지 은 이 | 현장원(Jeff 강사)
펴 낸 곳 | 브롬북스(출판등록 : 제2019-000252호)
디 자 인 | 디자인 아르시에
I S B N | 979-11-988001-0-7(04740), 979-11-988001-2-1(세트)

주　　소 | 서울시 강남구 봉은사로 317, 3층
전　　화 | 070-7563-7775
이 메 일 | jeffstudylove@gmail.com
홈페이지 | www.jeffstudy.com

저작권자 | ⓒ 2025. 현장원

이 책의 저작권은 저자에게 있습니다. 서면에 의한 저자와 출판사의 허락 없이 내용의 일부 혹은 전부를 인용 및 복제하거나 발췌하는 것을 금합니다.

- 책값은 뒤표지에 있습니다.
- 잘못 만든 책은 구입하신 서점에서 교환해 드립니다.
- 책 관련한 문의사항은 제프스터디(www.jeffstudy.com)로 문의 부탁드립니다.

'제프스터디는 영어초보분들께 꿈과 희망을 드립니다!'

영어의 핵심은 '단어가 던져지는 순서'다!

Jeff 강사와 함께 영어에서 가장 핵심적인
60개의 핵심어순감각을 익히세요!
반드시 영어가 됩니다!

영어왕초보의 희망!

영순법 기초영어

── STEP 1 ──
짧은 문장 만들기

Jeff 지음 | 제프스터디 대표

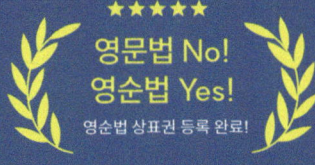

★★★★★
영문법 No!
영순법 Yes!
영순법 상표권 등록 완료!

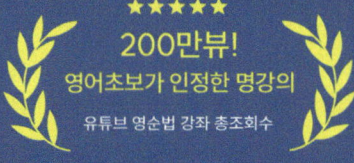

★★★★★
200만뷰!
영어초보가 인정한 명강의
유튜브 영순법 강좌 총조회수

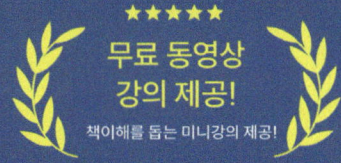

★★★★★
무료 동영상
강의 제공!
책이해를 돕는 미니강의 제공!

BromBooks
브롬북스

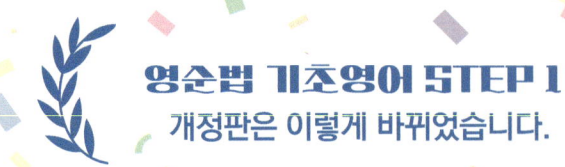

영순법 기초영어 STEP 1
개정판은 이렇게 바뀌었습니다.

NEW 01. 왕초보 문법 용어 파트 추가!

영순법(**영**어단어**순**서**법**)을 배우기 위해 반드시 알아야 할 왕초보 문법 파트(문법 용어 중심)를 새롭게 추가하였습니다. 왕초보 문법은 Jeff 강사의 영순법을 익히기 위해 반드시 알아야 할 최소한의 문법 용어를 공부하는 파트입니다. 마치 자전거를 배우기 위해 핸들, 바퀴, 브레이크 등의 용어를 익히는 것과 비슷한 맥락이라고 보시면 되실 듯 합니다.

NEW 02. 영순법 설명은 좀 더 간결하고 쉽게! 대신 영어 예문은 풍부하게!!

설명 부분을 좀 더 간결히 다듬고, 대신 초판에서는 지면 관계상 온전히 담지 못했던 영어 예문을 풍성하게 실었습니다. 풍성한 영어예문을 통해 해당과에서 반드시 알아야 할 영순법(영어단어순서법)을 완전히 내 것으로 만드는 데 더욱 큰 도움을 드릴 것입니다.

NEW 03. 학습에 최적화된 책 크기 및 내지 디자인 업그레이드!

이전 영순법 시리즈 책이 다소 작은 크기의 책자로 제작되어 학습하는 데 불편함이 있으셨다는 독자님들의 의견을 적극 반영하였습니다. 책자 크기를 키우고 내지 디자인 또한 좀 더 학습에 최적화된 디자인으로 변경하였습니다. 책자의 핵심인 영어 예문 또한 좀 더 가독성을 높여 편하게 학습하실 수 있도록 제작하였습니다.

NEW 04. 동영상 무료 미니 강의 오픈!

'영순법 미니 강의'를 큐알코드를 통해 편리하게 수강하실 수 있습니다. 별도의 로그인 없이 책으로 공부하며 편리하게 수강 가능합니다. 책만으로 이해가 덜 되는 부분은 Jeff 강사의 동영상 미니 강의를 통해 완전히 내 것으로 만드세요!

* 책자 QR코드로 수강하는 영순법 미니 강의는
제프스터디 홈페이지에서 제공 중인 영순법 Full 버전 강의의 요약 강의입니다.

좀 더 자세한 설명과 다양한 예문을 통한 완전한 영순법 학습을 위해서는
제프스터디 홈페이지(www.jeffstudy.com)방문을 부탁드립니다.

머리말

영문법이 아닌 Jeff 강사의 **영순법(영어단어순서법)**으로 영어자신감을 가지세요!

부정사, 동명사, 현재분사, 관계대명사 ...
이런 문법적 개념을 정확히 알아야 영어를 배울 수 있는 것일까?

영순법(영어단어순서법)은 이 질문에 대한 해답을 주는 책입니다. 영어 문장을 이해하고 내 것으로 만드는 본질은 '무슨 무슨 용법' 식의 문법학적 이해가 아닙니다. 영어라는 언어와 한국어의 가장 큰 차이는 단어의 순서배열에 있습니다. 우리말과는 너무나 다른 영어의 단어순서(정보전달 순서)를 익힌다면 누구나 다 영어를 쉽게 이해하고 구사할 수 있습니다.

영순법 STEP 1 과정을 통해서 짧은 영어 문장이 만들어지는 기본적 원리와 영어단어순서 감각을 익힙니다. 그리고 STEP 2 과정에서는 STEP 1 과정에서 익힌 짧은 문장들을 이어 붙여 문장을 좀 더 길고 세련되게 만드는 방법을 배우게 됩니다.

Jeff 강사와 함께라면 반드시 영어 자신감을 가지게 됩니다!

영어에서 가장 기본적인 60개의 영어단어 순서 배열 감각을 익히자!

한국인 영어학습자가 반드시 알아야 하고, 영어에서 가장 빈도수가 높은 60개의 중요어순을 Jeff 강사가 혼신의 힘을 다하여 골라냈습니다. 1강에서 60강에 이르는 동안 조금씩 조금씩 문장의 길이를 늘여가며, 마법과도 같은 영어 문장 만들기의 매력에 빠져들 것입니다.

영어는 삶을 행복하고 다채롭게 만들 수 있는 기회이다.

영어를 구사할 수 있음으로써 좀 더 다양한 사람, 다채로운 세상과 마주하게 됩니다. 영어는 비단 의사소통의 도구로서가 아니라 인생을 좀 더 행복하게 만들 수 있는 소중한 기회가 된다고 믿습니다. 제프스터디 영순법과 함께 자신의 인생을 좀 더 행복하게 만들 기회를 잡아보세요. Jeff 강사의 영순법과 함께라면 반드시 당신도 영어가 됩니다.

- 영어자신감! 제프스터디, Jeff 강사로부터...

제프스터디 실제 강의 수강 후기

제프스터디 강의를 수강하신 회원님들의 생생한 이야기를 들어보세요~

 김*숙님 (주부회원님) *"삶의 질이 글로벌화! 영어자신감도 UP!"*

우연히 인터넷을 뒤지다 제프선생님을 만나는 큰~ 행운을 얻었지요. 긍정적 사고, 성의, 일관성, 사랑, 열정으로 어르고 달래고 눈콕! 집중시키지요. 또한 **꼭 알아야 할 것만 조금씩 단계를 높이고 짧고 쉽게 반복 또 반복으로 아낌없이 영어 뿐만 아니라 건강 및 삶의 지혜까지 알려주시는 제프선생님, 덕분에 시간만 나면 영어를 즐기고 있습니다.** 10년을 해도 안 될 것이라는 영어가 제프스터디를 만나 될 것 같습니다. 아니 되고 있습니다. 요즈음, 신기하게도 팝송가사가 조금씩 들리고 영화의 대사가 조금씩 들리고 CNN 자막이 몇 단어만 찾으면 읽을 수 있어 분위기는 파악이 됩니다. **제 삶의 질이 글로벌화로 높아지는 것 같아 자신감도 생겼습니다.** 제프 선생님, 길들여 주셔서 감사합니다. 행복합니다. 계속~~ 함께 하고 싶으니 항상 건강하시기 바랍니다.

 김*준님 (직장인 회원님) *"다른 기초영어강의와는 정말 달라요!"*

그동안 왜 영어공부가 잘 안 됐었는지를 깨닫게 해주었습니다. 변명같이 들릴지 모르지만 **그동안 여러 곳에서 배워왔던 기초영어강의와는 정말 차별화되는 좋은 강의였습니다.** 항상 이해보다 암기를, 직역보단 의역위주로 잘못된 방법으로 전 그렇게 영어를 배워왔던 것이었습니다. 왜 일본어만큼은 쉽게 배웠는지도 여기서 알게 되었습니다. (강의를 수강하면서 당시에 일본어를 배우던 과정과 상당히 흡사하다고 느꼈습니다)

 심*희님 (어르신 회원님) *"제프 선생님 덕분에 다시 영어공부 도전해봅니다!"*

나이는 좀 많아서 시작하는 데는 용기와 결단이 필요했지요, 약 40년 전에 제프 선생님을 만났다면 하는 아쉬운 생각도 하며, 그래도 지금이라도 선생님을 만난 것을 정말 감사해하고 있습니다. 80년을 살면서 이제 정말 내 인생 끝자락에서 제프 선생님을 나의 마지막의 스승이라고 생각하면서 열심히 공부를 하려고 다짐하고 또 다짐합니다. ---(중략)---- 간간히 선생님이 포기하지 말라는 교훈을 마음에 새기며 다시 시작하곤 합니다. 그래도 하는 것이 안 하는 것 보다 훨 낫겠지 하는 위로를 스스로 하면서요....그래도 수강을 일 년 마치고 나면......... 다시 또 해야지 하는 희망을 가지고 계속해볼 겁니다. 누가 이기나!!! 하면서.......... **일생동안 넘어서지 못해서 포기했던 영어를 제프 선생님 덕분에 다시 손에 잡았으니 꼭 고비를 넘기렵니다.**
"If you wanna learn something, you might as well just go crazy."
일 년 후에 쓰게 될 후기는 아마도 많이 발전된 모습을 보여드리게 되겠지요!!!

 이*정님 (학생 회원님) *"처음에 쉽게 이해되던 게 끝까지 유지가 됩니다!"*

안녕하세요. 유튜브에서 기초영어라고 검색해서 이것저것 강의 많이 들어보았습니다. 그 중에 빨간 넥타이의 제프 선생님 강의가 단연 돋보이고 제게 이해가 가장 쏙쏙 되었습니다. 강의도 얼마나 재밌게 하시는지 단번에 매료되었습니다. 영어에 나름 한이 많은 사람이고, 한다고 열심히 했는데 항상 제자리인 느낌이었습니다. **근데 제프선생님 강의는 정말 다르네요. 일단 가장 인상적인 건 '처음에 쉽게 이해되던 것이 끝까지 유지가 된다'라는 점입니다. 대부분 강의들이 (물론 제가 부족해서 그랬겠습니다만...) 처음엔 이해가 잘 되다가 뒤로 갈수록 점점 힘겨워 포기하곤 했는데 제프선생님 강의는 스텝 강의 끝까지 정말 재밌게 들었네요.** 주변 사람들에게 제프선생님 강의 많이 소개하기도 했네요.. 다만 인터넷 만으로 수업을 듣는다는 게 다소 아쉬운 생각입니다. 기회가 된다면 제프선생님 오프라인 강의도 꼭 한번 듣고 싶은 마음이네요.

 권*민님 (직장인 회원님)   *"매번 강의 들을 때마다 말할 수 있는 문장 길이가 달라지고 있습니다!"*

이번에도 또! 영어강좌 뭐가 있을까? 하고 인터넷을 하이에나처럼 뒤지다가 아! 제프쌤을 만났습니다. 레벨테스트를 했는데, 약간은 자신 없는 정도의 수준이 나와서 Step 2를 수강신청 했습니다. 대만족입니다.ㅋ 일단 교육만 받으면 졸던 제가 제프쌤의 맛깔스런 강의 스탈에 연속으로 강의를 듣고 있습니다. 사투리가 섞인 말투에서 재미가 더 하구요. ㅋㅋ 살짝 졸릴때는 "눈 콕!!" ㅋㅋㅋㅋㅋ 매일 듣지는 못하지만 **매번 강의 들을 때마다 말 할수 있는 문장의 길이가 달라지고 있습니다. 외국 바이어와의 메일도 이제는 쬐끔(?) 자신이 붙었습니다. 문장을 길게 쓰는 비법을 배우고 있으니까요.** ㅋㅋㅋ (중략)

 이*경님 (직장인 회원님)   *"사막에서 오아시스를 찾은 느낌!"*

눈 딱 감고 제프 선생님 강의를 시작했습니다. 사막에서 오아시스를 찾은 느낌이랄까?ㅋㅋㅋ 사실 비싼 돈을 들여 학원을 다닌 건 처음이지만, 도서관이나 문화센터 같은 곳은 많이 기웃거렸던 저였기에 더욱 그랬습니다. 이제 시작이지만, **이제야 제가 알고 있었지만 적용할 수 없었던 것들이 "아~ 그래서 이렇게 되는거구나" 하고 하나씩 제자리를 찾아가는 중입니다.**
얼마나 감사한지... 주어동사, 영어는 순서감각, 암기. 식구들을 뒤쪽에. 양념치고, 눈----콕!!!!! 푸하하 선생님만 믿고, 시키시는 대로 할꺼예요. 아시죠 쌤? 시키는 대로 했는데도 안되면....눈..콕.... ㅋㅋㅋ 후에 이곳에 영어로 후기를 꼭!!! 올려보겠습니다. 식구들과 여행가서 외국인들과 당당히 쌀라쌀라~~ 할수 있는 그날을 꿈꾸며.... (중략)

 장*진님 (학생 회원님)   *"쉬운 용어로 수업 진행 방식이 좋고 지루하지 않아요!"*

제 나이 어언 26세 입니다. 그 동안 영어를 싫어 했기 때문에 영어 공부는 학창시절부터 제대로 한 적이 없습니다. 겨우 마음을 잡고 영어공부를 시작하려 하는데 도대체 뭐부터 시작해야 되는지 막막하더군요. 문법책과 영어 앱, 인터넷 강의 위주로 찾다가 유튜브에서 제프스터디 영상을 봤습니다. 제프 선생님의 강의를 보고 이 선생님 강의라면 영어 공포증에서 해방될 수도 있겠구나라는 생각이 들더군요. 선생님의 활기찬 목소리와 행동들 그리고 **어려운 문법 용어가 아닌 쉬운 용어로 풀어서 설명을 해 주시니 강의 시작하고 끝날 때까지 지루함을 느끼지 않았습니다. 제프 스터디는 저처럼 한국식 영어 교육때문에 영어 공포증에 걸리신 분들에게 아주 좋은 강의라고 말씀 드리고 싶네요.** (중략)

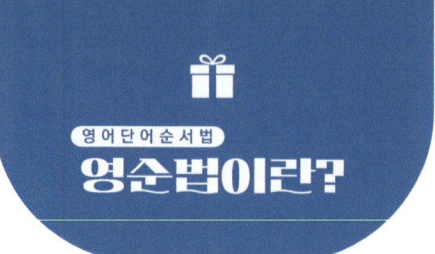

영어의 핵심은 '단어의 순서'다!

영어라는 언어를 습득할 때 가장 염두에 두어야 하는 것은 영어단어가 놓이는 '순서'입니다. 우리말과 다르게 영어는 문장에서 단어를 쓸 때 어순이 정해져 있으며, 우리는 그 영어단어가 놓이는 순서 감각을 내 것으로 만드는 데 집중해야 합니다. 그래야 비로소 영어가 됩니다.

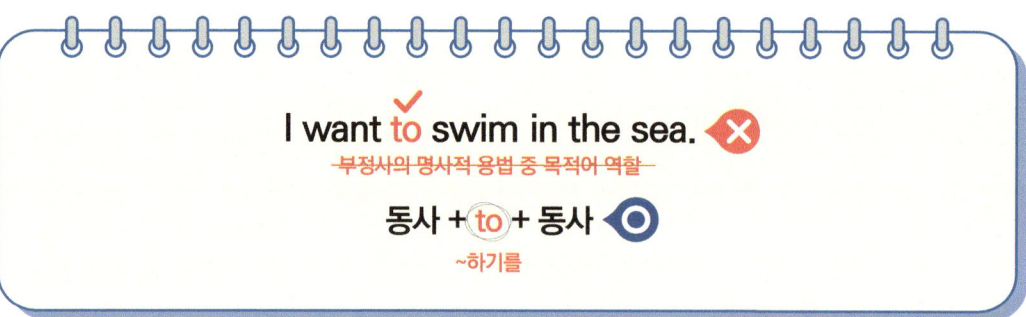

위 문장에서 'to swim' 부분을 이해할 때 **부정사의 명사적 용법 중 목적어 역할**'이라는 거창한 **문법적 개념으로 이해해서는 곤란**합니다.

'동사(want) + to + 동사(swim)' 어순이 보일 때, to는 '~하기를' 이라고 해석된다.
라는 식으로 단어순서에 초점을 맞춰 영어문장을 보아야 합니다.

한 가지 더 보자면,

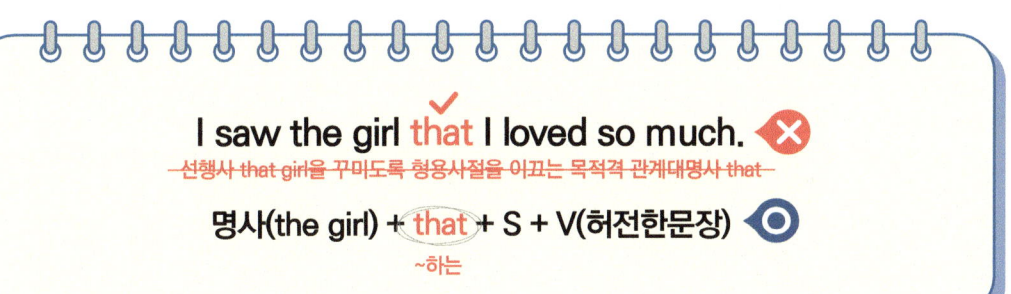

위 문장에서 that 이란 단어를 이해할 때, '**관계대명사로써 뒤에 형용사절을 이끌어 앞의 선행사 the girl이라는 명사를 수식하는 구조를 만들어 낸다**'라는 식의 케케묵은 영문법식 이해는 이제는 정말 **그만둬야 합니다.** 그러한 접근방식은 결코 실전에서 빠르게 영어 문장을 만들어 내는 감각이 생기지 않을뿐더러 영어를 싫어지게 만드는 주범입니다.

여러분들은 오직 단어의 순서에 초점을 맞추어서 영어 문장을 바라봐야 합니다.

'명사(the girl) + that + 주어 + 동사' 어순이 보이면 that 은 '~하는' 이라는 해석을 해야 한다. (that 이하가 앞의 명사를 수식)

위 사실만 기억하고 있으면 영어문장은 자연스레 이해가 되며, 활용도 쉽습니다.
(*이때, 주어+동사 부분은 뭔가 하나 빠진 듯한 허전한 느낌이 들어야 함.)

기억하셔야 합니다.

영어의 핵심은 단어가 던져지는 순서입니다!
우리는 영어단어가 놓이는 순서 감각을 익히는데 최우선을 두고 영어 문장을 연습해야 합니다!

영어를 제대로 구사하는 법을 알기 위해서는 영문법이 아니라 제프 강사가 제시하는
영순법(영어단어순서법)을 익히십시오!

기존 영문법과 차별화된 영어단어 순서 중심의 JEFF의 영순법이라면 반드시 영어에 자신감을 가질 수 있습니다.

영순법 기초영어 STEP 1

영어의 핵심은 단어순서 감각!
영순법(영어단어순서법)으로 짧은 영어 문장에 자신감을 가져보세요!

00	한국어 vs. 영어	한국어와 영어의 결정적 차이에 눈뜬다!	17
01	S + V의 연습	영어의 가장 기본 어순 정복!	21
02	don't + 부정문	영어의 가장 기본 부정법을 내 것으로!	29
03	S + be동사	당신이 알고 있는 be동사는 가짜? be동사의 정체 제대로 알기!	37
04	미래의 일 기본 (S + will + V)	미래에 벌어질 일 나타내는 법	45
05	명령문(동사원형으로 시작!)	'~해라, ~해다오' 의 뜻 만들기	53
06	기본 조동사 can (S + can + V)	동사를 도와주는 조동사 익히기 기본	59
07	조동사 더욱 연습 (S + should/have to/must + V)	조동사의 확장 연습	67
08	과거시제 1 (S + 일반동사 과거)	일반동사를 이용한 가장 기본적인 과거의 일 나타내기	75
09	과거시제 2 (S + be동사 과거)	Be동사를 사용한 과거의 일!	81
10	과거시제 3 (S + used to + V)	(조금 특별한 과거) - 이것까지 알면 당신은 과거형 정복자!	87
11	물어보기 1 (Do + S + V ~?)(일반동사 의문문)	(일반동사 의문문) - 가장 기본적으로 물어보기	95
12	물어보기 2 (Be동사 + S ~ ?)	(Be동사 의문문) - Be동사를 써서 물어보기	101
13	물어보기 3 (조동사 + S + V ~?)	(조동사 의문문) - 조동사를 써서 조금 복잡하게 물어보기	107

14	의문사로 물어보기 1 (의문사 + be동사/조동사 + S ~ ?) (Be동사/조동사 - 의문사가 나타나는 기본 물어보기)	113
15	의문사로 물어보기 2 (의문사 + do + S + V ~ ?) (일반동사/의문사가 주어 역할) - 이걸 알면 당신은 의문문 정복자!	121
16	진행시제 (S + be동사 + ~ing) 진행시제라는 것의 진정한 의미를 알자!	127
17	현재완료 1 (S + have + p.p. ~) 현재완료형은 반드시 JEFF 식으로! (과거 vs. 현재완료)	135
18	현재완료 2 (S + have + p.p. ~) 현재완료형은 무슨 일이 있어도 JEFF 식으로! (다양한 쓰임)	139
19	현재완료 3 (S + have + p.p. ~) 현재완료형은 무조건 JEFF 식으로! (좀 더 다양한 쓰임)	145
20	부정사 기본 (to + V) 부정사란 말을 잊고 JEFF 식 영순법으로!	151
21	동명사 (~ing) 동명사 개념도 JEFF 식으로 알면 쉽다.	159
22	5형식 1 (S + V + O + to + V) JEFF의 필살 5형식 개념 익히기! 당신도 드디어 영어에 눈뜬다!	167
23	5형식 2 (make/have/let + O + V) 점점 재미있어지는 5형식 이야기! to를 쓰지 않아야 한다!	173
24	to + V to + V 의 너무나 흔한 쓰임새!	179
25	be + to + V Be동사 다음에 'to + 동사원형' 이야기	187
26	명사 + to + V 명사 다음에 'to + 동사원형' 이야기	195
27	형용사 + to + V 형용사 다음에 'to + 동사원형' 이야기	201
28	수동태 기본 (be + p.p.) JEFF 식으로 수동태 기본을 정복하자!	207
29	조동사가 있는 수동태 (조동사 + be + p.p.) 조동사가 등장하는 조금 복잡해지는 수동태 개념에 눈뜨자!	213
30	특별한 수동태 이걸 알면 당신도 수동태 전문가(by를 쓰지 않는 수동태)	221
부록	꼭 알아야 할 왕초보 문법용어편	225

Jeff 강사 영어강의를 듣기 위해 반드시 알아야 할 가장 기초적인 용어를 알려드리는 파트입니다.
영어 왕초보분들은 반드시 이 파트를 숙지하고 1강을 시작해주세요!

영순법 기초영어 STEP 2 목차

영순법 기초영어 STEP 2 책자는
이 책의 다음 단계 책으로
별도 구매 가능하심을 안내드립니다.

영어의 핵심은 단어순서 감각!
영순법(영어단어순서법)으로 긴 영어 문장에 자신감을 가져보세요!

01 A and B 영어문장이 길어지는 가장 중요한 원리를 알자!

02 A, B, and C 영어문장이 길어지는 두 번째 중요한 원리!

03 V + that 본격적인 영순법의 시작! '동사 + that' 의 쓰임새에 눈뜨자!

04 접속사 영어문장을 길어지는 만드는 '주범' 을 잡자!

05 so 와 that so와 that은 절친관계다!

06 V that A and B that과 and를 써서 말을 길게 하는 영미인의 세련된 영어로의 진입!

07 V that A, B, and C 6강에 이어 더욱 세련된 영어로의 진입!

08 주어 늘이기 전치사의 이해, 머리가 커지는 영어를 알자!

09 (관계대명사 1) 명사 + that + S + V 관계대명사 개념을 제대로 알자!

10 (관계대명사 2) 명사 + that + V 관계대명사랑 더욱 친해진다!

11 (관계대명사 3) 명사 + that + S + V_1 ··· V_2 관계대명사를 사용한 세련된 영어 1탄!

12 (관계대명사 4) 명사 + that + V_1 ··· V_2 관계대명사를 사용한 세련된 영어 2탄!

13 장소표현 + where , 시간 + when 관계부사를 철저히 JEFF 식으로 요리한다!

14	**the reason + why , the way / how**	관계부사를 철저히 JEFF 식으로 알면 쉽다!
15	**what + 허전한 문장**	유창한 영어의 필수품 what에 대해 파헤친다!
16	**S + be 동사 + that ~**	be 동사에 다음에 that이 나올 때를 알자!
17	**what ~ be동사 + that ~**	what과 that를 사용한 길고 세련된 영어!
18	**명사 + 동격 that + S + V**	동격의 that도 JEFF 식으로 알면 쉽다!
19	**명사 + ~ing**	명사 다음에 ~ing 표현이 나올 때!
20	**명사 + p.p.**	명사 다음에 과거분사형이 나올 때!
21	**(분사구문 1) 문장앞 ~ing/p.p.**	분사구문 개념도 JEFF와 함께라면 문제없다!
22	**(분사구문 2) 문장 중간 ~ing**	문장 중간에 분사구문 개념이 나올 때 JEFF 식 처리법을 알자!
23	**It ~ to, It ~ that**	it과 to, it과 that은 절친임을 알자!
24	**It ~ for ~ to**	it , for, to 는 한식구다!
25	**접속사 + 접속사**	접속사와 접속사가 붙어있을 때 JEFF 식 영어가 빛난다!
26	**세모의 기적 1 (not A but B 외)**	세모를 치면 매우 쉽다!
27	**세모의 기적 2 (between A and B 외)**	세모를 치면 영어가 된다!
28	**간접의문문 1 (문장안에 의문문이 쏘~옥!)**	간접의문문을 알아야 길게 영어를 쓸 수 있다!
29	**간접의문문 2 (문장안에 의문문이 쏘~옥!)**	간접의문문에 대해 더욱 파헤치자!
30	**간접의문문 3 (문장안에 의문문이 쏘~옥!)**	간접의문문 개념을 완성하자! 특히나 시험영어를 위해!

영순법 기초영어 STEP 1 설명서

이 책은 이렇게 활용하시면 좋습니다. ^^

📍 1강의 목표
영어는 단어의 순서가 매우 중요한 언어임을 깨닫고, 영어의 가장 기본 어순 감각인 '주어+동사' 어순을 확실히 내 것으로 만든다.

📍 1강의 내용
- 영순법 1-1 : '주어 + 동사' 연습
- 영순법 1-2 : '주어 + 동사 + 목적어' 연습

📍 01. 목표 확인!

무슨 일이나 가장 중요한 것은 명확한 목표의 설정! 이 강의 목표를 확실히 알고 시작합니다!

📍 02. 핵심 요약강의로 보다 쉽게 이해!

JEFF 강사의 핵심 요약 미니 강의를 통해 해당 영순법의 핵심을 파악합니다. JEFF의 설명과 함께라면 쏙쏙 이해가 잘 됩니다!

영순법 1-1
주어 + 동사 연습

영순법 1-1강의 핵심

영어의 핵심은 '**단어의 순서**'이다! 영어의 가장 기본 어순은 '**주어(S) + 동사(V)**' 어순이다.

'누구는 ~하다/한다' 해석법이 가장 중요한 영어의 출발이다. 영어는 '주어+동사' 로 문장을 만들어내는 것이 가장 기본이다. (한국어는 종종 '주어' 를 생략하는 경우가 많으나 영어는 반드시 몇몇 예외를 제외하고 반드시 주어를 써 주어야 함을 잊어서는 안된다!)

📍 03. 영순법 핵심 설명 읽기!

간결한 JEFF 강사의 영순법 설명을 통해 꼭 기억해야 할 영순법을 확실히 내 것으로 만듭니다!

04. 풍부한 예문으로 영순법을 확실히 내 것으로!

JEFF 강사가 엄선한 좋은 영어 예문들로 영순법 자신감을 Up 시키세요!

05. 해당과에서 가장 중요한 영순법 내용 다시 한번 맹연습!

핵심적인 영순법 내용은 맹연습 코너를 통해 확실히 내 것으로 만들어봅니다! 영어자신감이 쑥쑥!!

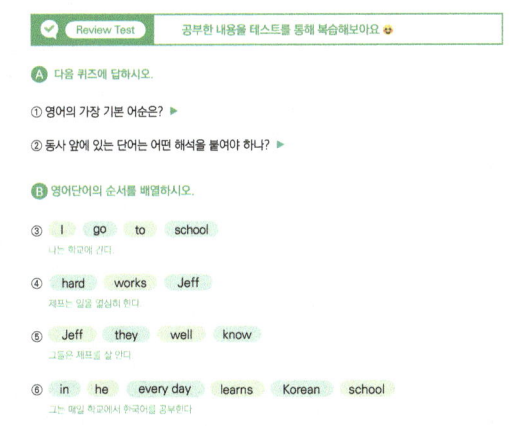

06. 핵심 퀴즈 및 영어단어 배열 순서 연습

퀴즈를 통해 JEFF 강사의 영순법 핵심 사항을 다시 한번 짚어보고, 확인 문제를 통해 자신의 실력 점검해봅니다!

눈이 펑펑 오는 날,
혹시 눈사람을 만들어 본 적이
있으신가요?

처음에 일정 크기의 동그란 눈뭉치를 만드는 것이 어렵지, 일단 눈뭉치를 만들어냈다면 데굴데굴 굴려 금방 커다란 눈덩이를 만들 수 있습니다.

영어 공부도 마찬가지입니다.

처음 탄탄한 기초를 쌓기가 어렵지, 그 다음부터는 눈덩이를 크게 만들듯이 영어 실력을 일사천리로 늘려 나갈 수 있습니다.

Jeff 강사의 영순법 강의는 눈사람을 만들 듯 조금씩 조금씩 문장을 늘여 나가 유창한 영어 실력을 갖추게 만드는 강의입니다.

**한국어를 잘하시는 여러분!
분명 영어도 잘하실 수 있습니다!**

영어는 나의 삶을 좀 더 신나고 행복하게 바꿀 수 있는 분명한 기회입니다.
그 기회를 Jeff 강사가 제시하는 영순법(영어단어순서법)으로 나의 것으로 만드십시오.

당신은 분명 해낼 수 있습니다!

JEFF 강사가 말씀드립니다.

책 본문의 글은 효율적이고 가독성 높은 글읽기를 위해 경어체를 사용하지 않았습니다. 이 점 양해의 말씀 구합니다.
또한 언어학습의 기본은 다소 지루한 '반복'이라고 생각하는 Jeff 강사의 기본 강의 철학에 따라
중요내용의 경우 1강에서 30강까지 의도적으로 '반복'되어 있음을 알려드립니다.
부디 제프스터디 영순법과 함께 영어자신감 가지시기를 기원드립니다.

▢▢강의 목표
한국어와 영어라는 언어의 결정적 차이에 눈뜬다!

▢▢강의 내용
한국어 - 어순이 자유롭다.
영어 - 어순이 자유롭지 못하다.

CHAPTER

한국어 vs. 영어

한국어와 영어의 결정적 차이에 눈뜬다!

00 한국어 vs. 영어
한국어와 영어의 결정적 차이에 눈뜬다!

제프스터디 영순법 STEP 1을 들어가기에 앞서…

한국어 vs. 영어
한국어와 영어의 결정적 차이에 눈뜬다.

우선 본격적으로 영어 어순을 공부하기에 앞서 다음의 내용을 잘 기억하자.

> 어제 너 나한테 왜 전화했어?

위 문장을 아래과 같이 단어 순서를 뒤죽박죽 섞어 보았다.

> - 너 왜 전화했어? 어제 나한테?
> - 왜 너 전화했어? 어제 나한테?
> - 왜 전화했어? 너 나한테 어제

위 세 문장 모두 다소 어색하고 한국어 문법에 어긋난 문장인 듯 보이나 말하고자 하는 뜻의 전달에는 영향을 주지 않는다.
즉, **한국어는 단어 순서가 바뀌어도 문장이 전달하는 의미가 보통 변하지 않는다.**

하지만, 영어의 경우는 전혀 다른 이야기가 된다. 다음 문장을 보자.

> 01. Why did you call me yesterday?
> 02. You did call me why yesterday?
> 03. Why yesterday you call did me ?

01의 경우 우리말 **'어제 너 나한테 왜 전화했어?'**를 영문법적으로 잘 쓴 문장이다. 하지만 02, 03번의 경우처럼 단어를 뒤죽박죽 섞으면 같은 의미를 전달하지 못하고 완전히 다르거나 틀린 문장이 된다.

그렇다. 이 점이 영어와 한국어의 결정적 차이다.

한국어는 단어순서(어순)가 달라져도 보통 뜻이 달라지지 않지만, 영어는 단어순서가 달라지면 전혀 다른 뜻이 되거나 틀린 문장이 된다.

요약하면 다음과 같다.

> **한국어** – 어순이 자유롭다. (어순이 바뀌어도 문장의 뜻에 변함이 없다.)
> **영어** – 어순이 자유롭지 못하다. (어순이 바뀌면 문장의 뜻이 바뀌거나 틀린 문장이 된다.)

What would life be if we had no courage to attempt anything?

– Vincent Van Gogh –

어떤 것을 시도할 용기조차 없다면
인생이 무슨 의미가 있겠는가?

- 빈센트 반 고흐 -

1강의 목표 📍

영어는 단어의 순서가 매우 중요한 언어임을 깨닫고,
영어의 가장 기본 어순 감각인 '주어+동사' 어순을 확실히 내 것으로 만든다.

1강의 내용 📍

- **영순법 1-1** : '주어 + 동사' 연습
- **영순법 1-2** : '주어 + 동사 + 목적어' 연습

CHAPTER 01

주어 동사
S + V의 연습

영어의 가장 기본 어순 정복!

1강 핵심요약강의

큐알코드를 스마트폰으로 찍으면
핵심 요약강의를 수강하실 수 있습니다.

영어의 가장 기본 어순 정복!
01 S + V의 연습
（주어） （동사）

영순법 1-1
주어 + 동사 연습

> **영순법 1-1강의 핵심**
>
> 영어의 핵심은 '**단어의 순서**'이다! 영어의 가장 기본 어순은 '**주어(S) + 동사(V)**' 어순이다.
>
> '누구는 ~하다/한다' 해석법이 가장 중요한 영어의 출발이다. 영어는 '**주어+동사**' 로 문장을 만들어내는 것이 가장 기본이다. (한국어는 종종 '주어'를 생략하는 경우가 많으나 영어는 반드시 몇몇 예외를 제외하고 반드시 주어를 써 주어야 함을 잊어서는 안된다!)

영어의 가장 기본 어순은 '주어+동사' 이다.

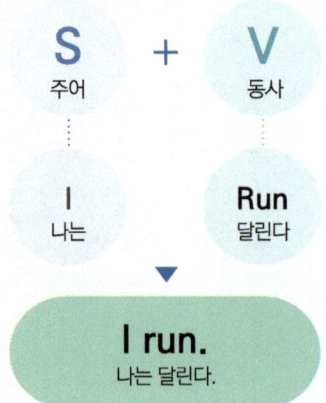

영어의 가장 기본 어순은 **주어 + 동사** 이다. 이 어순을 영순법 끝까지 기억하고 있어야 한다. 가장 중요한 출발이다. 가장 중요한 어순이다. 이것을 기억해야 비로소 영어가 된다!!

- ☑ You run.   너는 달린다.
- ☑ We run.   우리는 달린다.
- ☑ They run.   그들은 달린다.

> **! Watch Out** 다음 내용에 유의하자!
>
> 주어가 3인칭 단수이고, 현재형의 동사일 때는 동사에 s를 붙인다는 점도 기억하자. 아직 중요한 단계는 아니나 고급 영어로 가기 위한 초석이 된다.
> - ☑ He run**s**. (그는 달린다.)
> - ☑ She run**s**. (그녀는 달린다.)
> - ☑ Chul-soo run**s**. (철수는 달린다.)

다지기를 통해 확실히 내 것으로 만들자!
영순법 다지기 1-1

'주어+동사' 어순을 맹렬히 연습해보자. 영어에서 한국어로, 한국어에서 영어로 자유롭게 왔다 갔다 빠르게 할 수 있어야 한다. (우리말로 '누가' 라는 말을 붙이는 게 어색하게 느껴지지만 이 어색함을 뒤로 하고 '주어+동사' 어순을 그대로 해석하는 습관을 들여야 영어가 된다.)

1	I work.	나는 일한다.
2	You smile.	너는 웃는다.
3	We sing.	우리는 노래한다.
4	They sleep.	그들은 잔다.
5	I exercise.	나는 운동한다.
6	You run.	너는 달린다.
7	They eat.	그들은 먹는다.
8	People drink.	사람들은 마신다.
9	Students learn.	학생들은 배운다.
10	The dogs bite.	강아지들은 문다.
11	I study.	나는 공부한다.
12	They cry.	그들은 운다.
13	People try.	사람들은 시도한다.
14	We see.	우리는 본다.
15	I teach.	나는 가르친다.

영순법 1-2
주어 + 동사 + 목적어 연습

> **영순법 1-2강의 핵심**
>
> JEFF 강사가 강조하는 영어의 두 번째 중요 어순은 '**주어+동사+목적어**' 이다. 기억해야 한다.
> **우리 말은 '~을/를' 에 해당하는 말이 동사 앞에 오지만, 영어는 동사 뒤에 가야 한다.**

- ☑ I drink tea.   나는 **차를** 마신다.
- ☑ I drink milk.   나는 **우유를** 마신다.
- ☑ I drink water.   나는 **물을** 마신다.
- ☑ I drink coke.   나는 **콜라를** 마신다.

영순법 다지기 1-2

좀 더 연습해보자! 영순법 1강의 핵심은 **'주어 + 동사 + 목적어'**이다. '~을/~를'에 해당하는 목적어는 반드시 동사 뒤에 가야한다. 다지기를 통해 확실히 내 것으로 만들자!

1	I eat **pizza**.	나는 **피자를** 먹는다.
2	Jeff likes **snowboarding**.	제프는 **스노우보딩을** 좋아한다.
3	He plays **soccer**.	그는 매일 **축구를** 한다.
4	They wait for **Jeff**.	그들은 **Jeff를** 기다린다.
5	She plays **the violin**.	그녀는 **바이올린을** 연주한다.
6	He wants **a computer**.	그는 **컴퓨터를** 원한다.
7	I use **pencils**.	나는 **연필을** 사용한다.
8	They have **a big house**.	그들은 **큰 집을** 가지고 있다.
9	I have **a question**.	나는 **질문을** 가지고 있다.
10	He has **a car**.	그는 **차를** 가지고 있다.

❗ Watch Out 다음 내용에 유의하자!

목적어에서 끝나기만 하면 얼마나 좋으련만, 영어는 '식구들'(문장을 좀 더 다채롭게 꾸미는 말)을 배치함으로써 좀 더 정보를 자세히 주려함을 깨우치자.

S(주어) + V(동사) + O(목적어) + 식구들(꾸미는 말, 보통 시간이나 장소를 표현)

• 다음을 보고 영어적 어순 감각을 익혀라.

He goes.
그는 간다.

He goes to school.
그는 **학교에** 간다.

영어는 주어 다음에 동사가 바로 나오고, 기타 식구들(꾸며주는 말들)이 동사의 뒤로 간다. 우리 한국어는 꾸며주는 말들이 대부분 동사(국어적으로 정확한 표현은 서술어) 앞에 온다. 이 점이 영어와 한국어의 결정적 차이임을 잊지말자!

- ☑ Jeff works **hard**.
- ☑ I run **every day**.
- ☑ I eat pizza **in the morning**.
- ☑ Jeff likes snowboarding **so much**.
- ☑ He plays soccer **every day**.

Jeff는 **열심히** 일한다.
나는 **매일** 달린다.
나는 피자를 **아침에** 먹는다.
Jeff는 스노우보드 타는 것을 **매우 많이** 좋아한다.
그는 **매일** 축구를 한다.

<u>영어는 꾸며주는 말들(식구들)이 동사의 뒤로 간다.</u>
1강의 내용이 가장 중요하다. <u>영어의 핵심은 단어가 던져지는 순서감각</u>이다.

영순법 더더 연습

영순법 더욱 더 맹연습. 아래 표현들은 모두 이번 장에서 배웠던 영순법 내용과 유사한 문법 구조를 가지는 문장들이다. '주어 + 동사' 어순 다음에 장소 및 시간 표현 등이 들어간 예문들이다. 여러 번 말하고 써보아 영어 어순에 유의하며 완전히 자기 것으로 만들어 보자.

1	I drink coffee **in the afternoon**.	나는 **오후에** 커피를 마신다.
2	She reads books **at night**.	그녀는 **밤에** 책을 읽는다.
3	We exercise **in the evening**.	우리는 **저녁에** 운동한다.
4	They study Korean **on weekends**.	그들은 **주말에** 한국어를 공부한다.
5	He watches movies **on Fridays**.	그는 **금요일에** 영화를 본다.
6	My sister paints **on Sundays**.	내 동생은 **일요일에** 그림을 그린다.
7	You play the guitar **after work**.	당신은 **일한 뒤에** 기타를 친다.
8	The cat sleeps **on the couch**.	고양이는 **소파에서** 잔다.
9	We cook dinner **together**.	우리는 **함께** 저녁 식사를 만든다.
10	He listens to music **during lunch**.	그는 **점심 시간에** 음악을 듣는다.
11	I go for a walk **in the park**.	나는 **공원에서** 산책한다.
12	She writes poems **in her free time**.	그녀는 **자유 시간에** 시를 쓴다.
13	They swim in the pool **every summer**.	그들은 **매 여름** 수영한다.
14	My parents visit relatives **on holidays**.	내 부모님은 **휴가 때** 친척을 방문한다.
15	We take photos **during vacations**.	우리는 **휴가 동안** 사진을 찍는다.

Review Test — 공부한 내용을 테스트를 통해 복습해보아요

A 다음 물음에 답하시오.

① 영어의 가장 기본 어순은? ▶

② 동사 앞에 있는 단어는 어떤 해석을 붙여야 하나? ▶

B 영어단어의 순서를 배열하시오.

③ I   school   to   go
나는 학교에 간다.

④ hard   works   Jeff
제프는 일을 열심히 한다.

⑤ Jeff   they   well   know
그들은 제프를 잘 안다.

⑥ in   he   every day   learns   Korean   school
그는 매일 학교에서 한국어를 공부한다.

C 다음을 영작하시오.

⑦ 나는 커피를 마신다. ▶

⑧ 그들은 햄버거를 먹는다. ▶

⑨ 그녀는 소설을 밤에 읽는다. ▶

⑩ 그는 트럭을 빨리 운전한다. ▶

Answer

① 주어 + 동사
② – 은/는/이/가 (주어의 해석)
③ I go to school.
④ Jeff works hard.
⑤ They know Jeff well.
⑥ He learns Korean in school every day.
⑦ I drink coffee.
⑧ They eat hamburgers.
⑨ She reads novels at night.
⑩ He drives a truck fast.

1강의 내용이 앞으로 배우게 될 전체 영순법 내용에서 가장 중요한 파트입니다.
1강에서 꼭 기억해야 할 핵심사항을 간략히 다시 정리해 보겠습니다. 이 내용은 전체 60강에 이르는 동안 지속적으로 잘 기억해 두세요!

핵심 01.

영어는 단어순서감각이 가장 중요! 항상 어순에 유의하여 문장을 보는 습관 중요!

핵심 02.

영어문장의 출발이자 가장 핵심 어순은 '주어 + 동사' 어순!

핵심 03.

영어는 주어를 반드시 쓰고 문장을 시작! (한국어는 주어를 생략하는 경우가 많으나 영어는 거의 대부분의 문장이 '주어'로 시작함을 기억!

핵심 04.

영어는 동사를 중심으로 그 앞은 '주어(은/는/이/가)' 해석을 하고, 동사 다음은 '목적어(~을/를)' 해석이 기본!

핵심 05.

'주어 + 동사 + 목적어 + 식구들' 어순을 잘 기억! 식구들(장소나 시간 표현 등)은 문장의 뒤로 보냄!

2강의 목표
영어문장의 가장 기본적인 '**부정**('그렇지 않다'라는 뜻)'을 익힌다.

2강의 내용
- 영순법 2-1 : don't 부정
- 영순법 2-2 : doesn't 부정

CHAPTER 02

don't 부정문
(don't + V)

영어의 가장 기본 부정법을 내 것으로!

2강 핵심요약강의

큐알코드를 찍으면
핵심 요약강의를 수강하실 수 있습니다.

02 don't 부정문

영어의 가장 기본 부정법을 내 것으로!

영순법 2-1
don't 부정

영순법 2-1강의 핵심

영어의 가장 기본어순은 '주어+동사'이다!
영어의 가장 기본 부정법은 동사 앞에 don't를 넣는 것이다.
(물론 동사의 종류에 따라 부정을 만드는 방법이 다르다. 지금은 가장 '흔한' 기본적인 부정을 익히는 단계이다. 다른 것들은 차차 하게 된다. JEFF를 믿고 JEFF가 제시하는 영어단어순서법 순서대로 영어를 해보자. 반드시 영어가 된다.)

S(주어) + don't + V(동사)
~ 하지 않는다

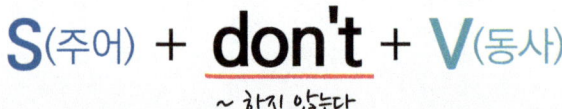

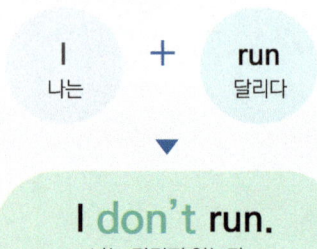

I don't run.
나는 달리지 않는다.

run 동사를 가지고 연습해보자! 단순하다. 주어와 동사 사이에 don't 를 넣어라.
그럼 '달리지 않는다' 라는 부정의 뜻이 만들어진다.

- ☑ They **don't** run.   그들은 달리지 **않는다**.
- ☑ People **don't** run.   사람들은 달리지 **않는다**.
- ☑ Students **don't** run.   학생들은 달리지 **않는다**.
- ☑ My grandparents **don't** run.   나의 조부모님들은 달리지 **않는다**.
- ☑ You **don't** run.   너는 달리지 **않는다**.

우리말은 '**~하지 않는다**'라는 부정의 말이 문장의 가장 뒤로 가지만
<u>**영어는 '주어와 동사 사이'에 온다!**</u> 이 점이 영어와 한국어가 다른 결정적 차이 중 하나다.
다른 동사들로 연습해보자!

- ☑ I **don't** talk.   나는 말하지 **않는다**.
- ☑ I **don't** cook.   나는 요리하지 **않는다**.
- ☑ I **don't** clean.   나는 청소하지 **않는다**.
- ☑ They **don't** think.   그들은 생각하지 **않는다**.
- ☑ They **don't** study.   그들은 공부하지 **않는다**.
- ☑ People **don't** learn new languages.   사람들은 새로운 언어를 배우지 **않는다**.
- ☑ You **don't** have a house.   너는 집을 가지고 **있지 않다**.

다지기를 통해 확실히 내 것으로 만들자!
영순법 다지기 2-1

Don't를 사용하여 부정문을 좀 더 연습해보자. 잊지 말자. 영어의 기본 부정법은 '주어+동사'의 중간에 don't를 끼워 넣으면 된다.

(영어에서 부정문을 만드는 방법은 동사의 종류에 따라 다양하다. 하지만 지금은 don't 만 기억하자. 가장 흔히 만나는 영어의 부정문부터 익히자. 조금 복잡하고 어려운 내용은 뒤로 미루고 쉬운 내용부터 내 것으로 만들자. 그래야 영어가 되기 시작한다.)

1	I **don't** work.	나는 일하지 **않는다**.
2	They **don't** swim in the sea.	그들은 바다에서 수영하지 **않는다**.
3	I **don't** like pizza.	나는 피자를 좋아하지 **않는다**.
4	They **don't** speak English.	그들은 영어를 말하지 **않는다**.
5	People **don't** like him.	사람들은 그를 좋아하지 **않는다**.
6	I **don't** drive a car.	나는 차를 운전하지 **않는다**.
7	You **don't** have good friends.	너는 좋은 친구를 가지고 있지 **않다**.
8	My friends **don't** listen to me.	나의 친구들은 내 말을 듣지 **않는다**.
9	People **don't** dance in the party.	사람들은 파티에서 춤을 추지 **않는다**.
10	I **don't** know his wife.	나는 그의 아내를 알지 **못한다**.

영순법 2-2
doesn't 부정

영순법 2-2강의 핵심

조심하자! 주어가 3인칭 단수개념이고 동사가 현재시제를 나타낼 때에는 Don't 대신에 Doesn't를 쓴다!

> **참고** 영어에서 3인칭 단수는 I(나) You(너)를 제외하고 하나를 의미하는 말인 he, she, it, the man, the car 등을 의미한다. 현재 시제에 대한 개념은 뒤에서 차차 다루도록 한다.

S(3인칭 단수 주어) + **doesn't** + **V**(동사)
~하지 않는다

She (그녀는)   run (달리다)
▼
She doesn't run.
그녀는 달리지 않는다.

- ☑ She **doesn't** cook. — 그녀는 요리를 **하지 않는다**.
- ☑ She **doesn't** read books. — 그녀는 책을 **읽지 않는다**.
- ☑ She **doesn't** exercise. — 그녀는 운동을 **하지 않는다**.
- ☑ She **doesn't** have a car. — 그녀는 차를 가지고 **있지 않다**.
- ☑ She **doesn't** watch movies. — 그녀는 영화를 **보지 않는다**.

영순법 다지기 2-2

좀 더 연습해보자! 부정문을 만드는 기본적인 어순에 익숙해져야 한다!
주어를 잘 보고 주어가 3인칭 단수(이 때 동사는 현재시제)라면 don't가 아닌 **doesn't를 빨리 말할 수 있어야 한다!**
다시 한번 강조한다. 주어가 3인칭 단수 개념일 때는 don't가 아닌 doesn't를 써야 한다.
이걸 못 쓰면 평생을 영어초보로 살아야 하고 어색한 영어를 구사하게 된다.

언어는 약속이다. 왜 doesn't 를 써야 하는지에 대해서는 의문을 가질 필요가 없다. 그냥 주어가 3인칭이고 동사가 현재시제를 써야 한다면 don't 대신 무조건 doesn't 를 써야 한다고 생각해야 한다.

1	She **doesn't** eat pizza.	그녀는 피자를 먹지 **않는다**.
2	Jane **doesn't** read novels at night.	제인은 밤에 소설책을 읽지 **않는다**.
3	He **doesn't** get up early.	그는 일찍 일어나지 **않는다**.
4	She **doesn't** clean her room.	그녀는 그녀의 방을 청소하지 **않는다**.
5	The person **doesn't** know me.	그 사람은 나를 알지 **못한다**.
6	Tom **doesn't** work hard.	톰은 일을 열심히 하지 **않는다**.
7	Kate **doesn't** drive a truck.	케이트는 트럭을 운전하지 **않는다**.
8	The student **doesn't** study enough.	그 학생은 충분히 공부를 하지 **않는다**.
9	He **doesn't** wash dishes.	그는 설거지를 하지 **않는다**.
10	My brother **doesn't** clean his room.	내 동생은 그의 방을 청소하지 **않는다**.

Better late than never.

안 하는 것보다 늦게라도 하는 게 낫다.

늦었다고 생각할 때가 가장 빠른 때! 어떤 일을 제때에 하지 못했더라도 늦게나마 하는 것이 아예 하지 않는 것보다는 훨씬 낫겠죠?

영순법 더더 연습

다음 문장들의 주어를 잘 살펴보고 부정문을 어떻게 만들었는지 확실히 느껴야 한다! 완전히 내 것으로 만들어야 한다!

1	She **doesn't eat** spicy food.	그녀는 매운 음식을 **먹지 않는다**.
2	We **don't watch** horror movies.	우리는 공포 영화를 **보지 않는다**.
3	He **doesn't play** video games.	그는 비디오 게임을 **하지 않는다**.
4	They **don't like** pineapple on pizza.	그들은 피자에 있는 파인애플을 **좋아하지 않는다**.
5	I **don't drink** coffee in the evening.	나는 저녁에 커피를 **마시지 않는다**.
6	My sister **doesn't read** science fiction novels.	내 여동생은 공상 과학 소설을 **읽지 않는다**.
7	He **doesn't speak** Spanish fluently.	그는 스페인어를 유창하게 **말하지 않는다**.
8	We **don't go** to the gym on Mondays.	우리는 월요일에 피트니스 센터에 **가지 않는다**.
9	The cat **doesn't like** rainy days.	고양이는 비 오는 날을 **좋아하지 않는다**.
10	I **don't wear** hats in the summer.	여름에 나는 모자를 **쓰지 않는다**.
11	She **doesn't drive** a car to work.	그녀는 차로 **출근하지 않는다**.
12	They **don't take** long vacations.	그들은 긴 휴가를 **안 간다**.
13	We **don't listen** to classical music often.	우리는 종종 클래식 음악을 **듣지 않는다**.
14	He **doesn't use** social media much.	그는 소셜 미디어를 많이 **사용하지 않는다**.
15	My parents **don't travel** abroad frequently.	나의 부모님은 자주 해외로 **여행하지 않는다**.

Review Test
공부한 내용을 테스트를 통해 복습해보아요.

A 다음 물음에 답하시오.

① '~하지 않는다' 라는 부정을 만들어 내는 가장 기본적 단어는? ▶
② 언제 don't 대신 doesn't를 쓰는가? ▶

B 영어단어의 순서를 배열하시오.

③ speak I Japanese don't
나는 일본어를 말하지 않는다.

④ drink don't they coffee
그들은 커피를 마시지 않는다.

⑤ doesn't radio he to a listen
그는 라디오를 듣지 않는다.

⑥ clean I room don't my every day
나는 매일 내 방을 청소하지 않는다.

C 다음을 영작하시오.

⑦ 나는 테니스를 치지 않습니다. ▶

⑧ 그녀는 담배를 피지 않습니다. ▶

⑨ 그는 텔레비전을 보지 않습니다. ▶

⑩ 우리는 컴퓨터 게임을 하지 않습니다. ▶

Answer

① don't
② 주어가 3인칭 단수 & 동사의 시제가 현재일 때
③ I don't speak Japanese.
④ They don't drink coffee.
⑤ He doesn't listen to a radio.
⑥ I don't clean my room every day.
⑦ I don't play tennis.
⑧ She doesn't smoke cigarettes.
⑨ He doesn't watch TV.
⑩ We don't play computer games.

***So long as a man imagines that he
cannot do this or that,***

***so long as he is determined not to do it;
and consequently***

***it is impossible to him
that he should do it.***

자신은 할 수 없다고 생각하고 있는 동안,
사실은 그것을 하기 싫다고 다짐하고 있는 것이다.
그러므로 그것은 실행되지 않는 것이다.

스피노자 [Spinoza, Baruch De]
네덜란드 철학자, 1632 ~ 1677

3강의 목표

영어의 be 동사가 무엇인지 **'제대로'** 안다.
be동사는 '~이다'라는 뜻만 있는 것이 아니라, '~있다'라는 뜻이 있음을 반드시 안다

3강의 내용

- **영순법 3-1** : be 동사 쓰는 법
- **영순법 3-2** : be 동사의 부정

CHAPTER

03

be 동사 연습
[S + be동사]
(주어)

당신이 알고 있는 be동사는 가짜?

be동사의 정체 제대로 알기

3강 핵심요약강의

큐알코드를 찍으면
핵심 요약강의를 수강하실 수 있습니다.

# 03 be 동사 연습 (S(주어) + be동사)

당신이 알고 있는 be동사는 가짜? be동사의 정체 제대로 알기

 영순법 3-1
be동사 쓰는 법

영순법 3-1강의 핵심

be동사는 두 가지 뜻이 있다! ① '**~이다**'와 ② '**~있다**' 이렇게 두 가지이다!
'~이다'라는 뜻만 알고 있으면, be동사를 제대로 알고 있는 것이 아니다.
be 동사에 '~있다'라는 뜻도 있음에 더 주목해야 한다.

1강에서 배운 것을 떠올리자! 영어의 가장 기본 어순은 '주어+동사'다.
이번 강에서는 동사 자리에 'be동사'를 쓰는 법을 연습한다.

먼저 be 동사가 '**~이다**'라는 뜻을 가질 때를 연습해보자!!

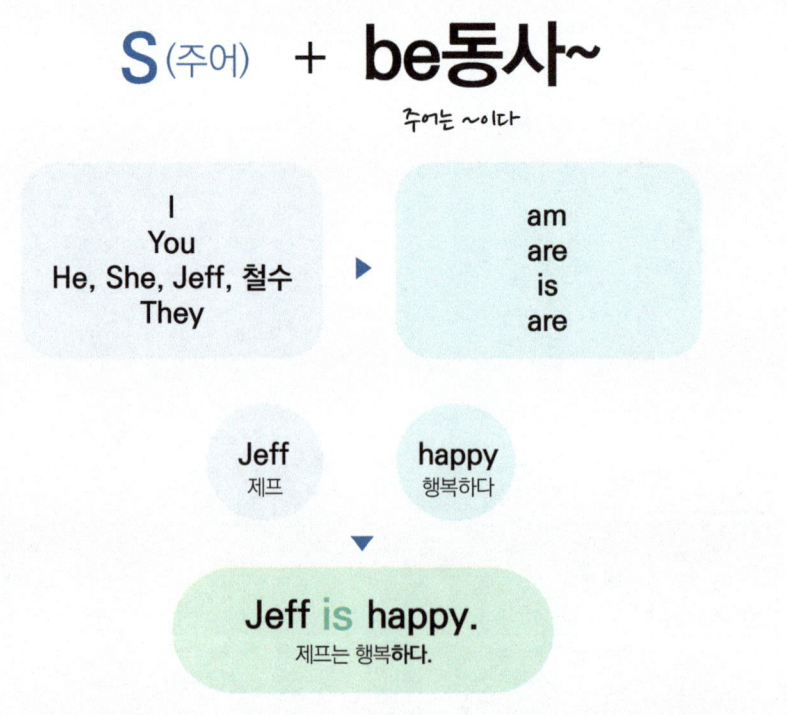

- ☑ Jeff **is** kind.   제프는 **친절하다.**
- ☑ Jeff **is** angry.   제프는 **화가 나 있다.**
- ☑ Jeff **is** smart.   제프는 **똑똑하다.**
- ☑ Jeff **is** lucky.   제프는 **운이 좋다.**
- ☑ Jeff **is** happy.   제프는 **행복하다.**

이번에는 '**~있다**' 라는 뜻에 대해서 연습해보자!
영어의 가장 기본 어순은 '주어+동사'이고 지금은 **동사자리에 be동사**를 넣고 있음을 기억하자!

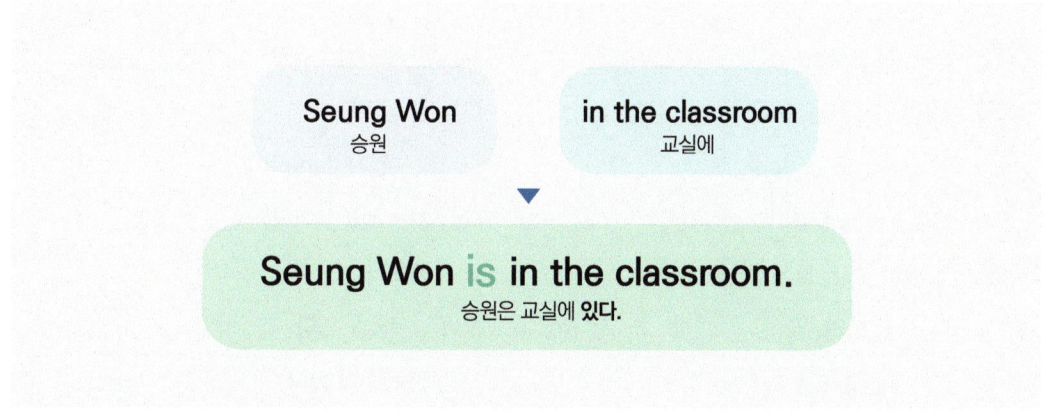

- ☑ Seung Won **is** in the movie theater.   승원이는 영화관에 **있다.**
- ☑ Seung Won **is** in the United States.   승원이는 미국에 **있다.**
- ☑ Seung Won **is** at the café.   승원이는 카페에 **있다.**
- ☑ Seung Won **is** in front of people.   승원이는 사람들 앞에 **있다.**
- ☑ Seung Won **is** next to her.   승원이는 그녀 옆에 **있다.**

영순법 다지기 3-1
다지기를 통해 확실히 내 것으로 만들자!

생각보다 '~이다'와 '~있다'라는 뜻을 구별하지 못하는 영어초보분들이 많다. 이것이 구별되기 시작할 때 영어도 되기 시작한다. 용기를 내자! 아자!

be 동사는 두 가지 뜻이 있다! '~이다' 와 '~있다' 라는 뜻이다. 구분해서 잘 사용해야 한다. 아래 문장들을 보고 be 동사가 '~이다' 의 뜻인지 '~있다' 의 뜻인지 확실히 구분해보자.

힌트 '~있다' 라는 뜻을 be 동사가 가질 경우 보통 be 동사 뒤에 '장소'적 개념을 나타내는 표현이 등장하는 경우가 많다.

1	She **is** pretty.	그녀는 **예쁘다.**
2	He **is** handsome.	그는 **잘 생겼다.**
3	Her name **is** Jane.	그녀의 이름은 Jane**이다.**
4	His car **is** red.	그의 차는 **빨간색이다.**
5	The flower **is** pretty.	꽃이 **예쁘다.**
6	Jeff **is** in Seoul.	Jeff는 서울에 **있다.**
7	The house **is** in Seoul.	그 집은 서울에 **있다.**
8	My sister **is** in the building.	나의 여동생은 빌딩 안에 **있다.**
9	She **is** in Europe.	그녀는 유럽에 **있다.**
10	Kelly **is** in the swimming pool.	켈리는 수영장에 **있다.**

삶의 지혜를 주는
✏️ **English Proverb**

Laughter is the best medicine.
웃음은 최고의 약이다.

웃음이 스트레스를 줄이고 기분을 좋게 만들어, 신체적 및 정신적 건강에 좋은 영향을 미친다는 사실은 과학적으로 증명된 사실! 우리 모두 웃고 살아요~

영순법 3-2
be동사의 부정

> **영순법 3-2강의 핵심**
>
> 영어의 가장 기본 어순은 '주어+동사'이다! **지금은 동사 자리에 be동사를 넣고 있다.** 문장에서 be동사를 썼을 때 부정문으로 만드는 방법은 간단하다. <u>**be동사 뒤에 not을 붙여라!**</u>
> 잘 기억하자! be동사 앞이 아니다. **be동사 뒤다**. 다시 말한다! **be동사 뒤다!**
> 고로 단어의 배열순서가 <u>**'주어+be동사+not'**</u>이 된다!

be동사 + not
~가 아니다
~가 없다. ('있다'의 부정형)

| Seung Won | brave |
| 승원 | 용감한 |

▼

Seung Won is not brave.
승원은 용감하지 **않다.**

- ☑ Seung Won **is not** stupid.   승원이는 **어리석지 않다.**
- ☑ Seung Won **is not** kind.   승원이는 **친절하지 않다.**
- ☑ Seung Won **is not** tall.   승원이는 **키가 크지 않다.**
- ☑ Seung Won **is not** quiet.   승원이는 **조용하지 않다.**
- ☑ Seung Won **is not** hot-tempered.   승원이는 **성질이 급하지 않다.**

영순법 다지기 3-2

다시 기를 통해 확실히 내 것으로 만들자!

다시 한번 정리해보자. be동사가 들어간 문장의 부정문은, **be동사 뒤에 not을 붙인다.** 그리고 be동사는 두 가지 뜻이 있다. '~이다' 와 '~있다' 라는 뜻!
이번 다지기 에서는 '~이다'의 be동사와 '~있다'의 be동사가 섞여 있으니 잘 구별해서 볼 수 있도록 하자.
('~있다' 라는 뜻이 있음을 아는 것이 너무나 중요해서 JEFF 강사가 지겹도록 반복하고 있습니다. 그만큼 중요합니다. 반복의 힘은 생각보다 위대합니다. 파이팅! ^^)

1	She **is not** pretty.	그녀는 **예쁘지 않다.**
2	He **is not** handsome.	그는 **미남이 아니다.**
3	Jeff **is not** in Dogokdong.	제프는 도곡동에 **없다.**
4	The home **is not** in Seoul.	그 집은 서울에 **없다.**
5	He **is not** rich.	그는 부유하지 **않다.**
6	The building **is not** tall.	그 빌딩은 크지 **않다.**
7	She **is not** smart.	그녀는 똑똑하지 **않다.**
8	Kate **is not** responsible.	케이트는 책임감이 있지 **않다.**
9	Mike **is not** healthy.	마이크는 건강하지 **않다.**
10	Jack **is not** in the island anymore.	잭은 더 이상 섬에 있지 **않다.**

 영순법 더더 연습

be 동사의 뜻을 바로바로 잘 캐치하는 능력이 영어구사에서 매우 중요하다.
아래 문장들의 연습을 통해 완전히 내 것으로 만들어보자!

#01: be 동사가 '~이다' 라는 뜻을 만들어 낼 때!

1	He **is** kind.	그는 친절하다.
2	They **are** tired.	그들은 피곤하다.
3	He **is** hungry.	그는 배가 고프다.
4	We **are** busy.	우리는 바쁘다.
5	I **am** relaxed.	나는 편안하다.
6	The students **are** busy.	그 학생들은 바쁘다.
7	The dog **is** playful.	개는 장난기가 많다.
8	You **are** confident.	너는 자신감 있다.
9	My sister **is** surprised.	내 여동생은 놀랐다.
10	We **are** content.	우리는 만족스럽다.

#02: be동사가 '있다' 라는 뜻을 만들어 낼 때!

1	I **am** at home.	나는 집에 있다.
2	They **are** in the park.	그들은 공원에 있다.
3	She **is** at the office.	그녀는 사무실에 있다.
4	We **are** at the restaurant.	우리는 식당에 있다.
5	He **is** in the car.	그는 차 안에 있다.
6	The book **is** on the table.	책은 테이블 위에 있다.
7	The cat **is** under the bed.	고양이는 침대 아래에 있다.
8	You **are** at the airport.	당신은 공항에 있다.
9	My friends **are** at the mall.	내 친구들은 쇼핑몰에 있다.
10	The keys **are** in my bag.	열쇠는 내 가방 안에 있다.

> **Review Test**   공부한 내용을 테스트를 통해 복습해보아요.

A 다음 물음에 답하시오.

① be동사의 두 가지 뜻? ▶

② 행복하다, 슬프다, 소년이다' 를 영어로 쓰면? (be 동사를 써서) ▶

B 영어단어의 순서를 배열하시오.

③ teacher | is | she | a
그녀는 교사다.

④ not | we | students | are
우리는 학생이 아니다.

⑤ in | they | theater | are | a
그들은 영화관에 있다.

⑥ at | he | station | is | Kangnam
그는 강남역에 있다.

C 다음을 영작하시오.

⑦ 그는 경찰관이다. ▶

⑧ 그녀는 지금 병원에 있다. ▶

⑨ 우리는 약하지 않다. ▶

⑩ 나는 집에 없다. ▶

Answer

① ~이다. 있다.
② be happy, be sad, be a boy
③ She is a teacher.
④ We are not students.
⑤ They are in a theater.
⑥ He is at Kangnam station.
⑦ He is a police officer.
⑧ She is in hospital now.
⑨ We aren't weak.
⑩ I am not at home.

4강의 목표
영어에서 **미래**의 뜻을 나타내는 will에 대해 확실히 안다.

4강의 내용
- **영순법 4-1** : will 쓰는 법
- **영순법 4-2** : will 의 부정

CHAPTER
04

미래의 일 기본

(S + will + V)
주어 　 동사

미래에 벌어질 일 나타내는 법

4강 핵심요약강의

큐알코드를 찍으면
핵심 요약강의를 수강하실 수 있습니다.

04. 미래의 일 기본 (S + will + V)

미래에 벌어질 일 나타내는 법
(주어) (동사)

영순법 4-1
will 쓰는 법

영순법 4-1강의 핵심

1강에서 배운대로 영어의 가장 기본 어순은 '주어+동사'이다.
그런데 어떤 상황이 '미래'에 벌어지는 일이라면, **동사 앞에 will**을 쓰면 된다.
고로 미래의 일은 '주어+will+동사' 어순이 된다. 물론 will은 조동사 이므로 will 다음에는 '동사의 원형'이 온다.

JEFF 강사의 당부

미래의 뜻을 나타내는 방법은 영어에 여러가지가 있지만, 일단 will을 쓰는 것이 기본입니다. 살짝 JEFF 강사스럽지 않은 이야기를 하자면 <u>영어에서 '미래시제'라는 단어는 출발부터가 다소 엉터리 개념입니다.</u> 형태론적으로 본다면 영어에는 현재시제, 과거시제만 존재합니다. 미래시제란 애초에 잘못된 개념이라고 주장하는 문법학자분들도 많습니다. 이런 이야기를 들으면 머리가 지끈지끈 아파오기 시작하고, 영어공부가 다시 싫어지기 시작합니다. 다시 한번 당부드립니다. 이런 개념은 영문법학을 전문적으로 다루는 교수님들 혹은 영어강사들이 다룰 내용이지, 우리가 이해하고 공부해야 할 개념이 아닙니다. 일단은 JEFF 강사가 강조하는 어순에 초점을 맞춰서 영어문장을 보셔야 합니다! 그래야 영어가 됩니다!

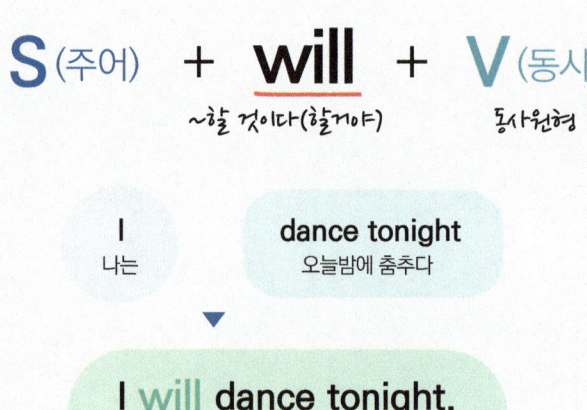

S (주어) + **will** + **V** (동사)
~할 것이다(할거야)   동사원형

I — 나는
dance tonight — 오늘밤에 춤추다

▼

I will dance tonight.
나는 오늘밤에 **춤을 출 것이다.**

will을 쓰는 것을 더 연습해보자!

- ☑ I **will** work tonight.   나는 오늘밤에 **일을 할 것이다.**
- ☑ I **will** sleep tonight.   나는 오늘밤에 **잘 것이다.**
- ☑ I **will** exercise tonight.   나는 오늘밤에 **운동을 할 것이다.**
- ☑ He **will** call you tomorrow.   그는 내일 당신에게 **전화를 할 것이다.**
- ☑ She **will** buy a car.   그녀는 차를 **살 것이다.**

다지기를 통해 확실히 내 것으로 만들자!
영순법 다지기 4-1

미래의 뜻을 나타내는 조동사 will은 문장을 쓸 때 필수적으로 많이 등장한다.
기억하자! 조동사의 위치를! **기본적으로 조동사는 동사 앞에 온다.**

1	I **will** study French.	나는 프랑스어를 공부할 것이다.
2	I **will** play soccer tomorrow.	나는 내일 축구를 할 것이다.
3	I **will** be happy.	나는 행복할 것이다.
4	I **will** be in Seoul.	나는 서울에 있을 것이다.
5	He **will** write a letter.	그는 편지를 쓸 것이다.
6	She **will** clean her room.	그녀는 그녀의 방을 청소할 것이다.
7	My cousin **will** come here soon.	나의 사촌은 여기에 곧 올 것이다.
8	They **will** study harder.	그들은 열심히 공부할 것이다.
9	I **will** visit you.	나는 너를 방문할 것이다.
10	Chris **will** propose to you.	크리스는 당신에게 프러포즈를 할 것이다.

🖊 English Proverb
삶의 지혜를 주는

A bird in the hand is worth two in the bush.

손 안에 있는 새 한 마리가 숲 속에 있는 새 두 마리의 가치가 있다.

현재 내가 가지고 있는 것의 가치가, 확실하지 않은 미래의 기회보다 더 크다는 의미! 내가 가지고 있는 것에 감사하는 마음이 중요하며, 확실하지 않은 것에 대한 지나친 기대는 금물!

영순법 4-2
will의 부정

영순법 4-2강의 핵심

will이 들어간 문장에서 그 문장을 부정형으로 만들기 위해서는 **will** 다음에 **not**을 붙이면 된다. will 앞이 아니라 <u>**will 뒤다!**</u> 영어의 핵심은 단어순서감각! 위치를 잘 기억하자!

S(주어) + **will not** + **V**(동사)
~하지 않을 것이다(안 할거야)   동사원형

I   take a math class
나는   수학 수업을 듣다.

▼

I will not take a math class.
나는 수학 수업을 듣지 않을 것이다.

- ☑ I **will not** use a calculator.   나는 계산기를 **쓰지 않을 것이다**.
- ☑ I **will not** cry.   나는 **울지 않을 것이다**.
- ☑ I **will not** laugh.   나는 **웃지 않을 것이다**.
- ☑ I **will not** memorize words.   나는 단어를 **외우지 않을 것이다**.
- ☑ I **will not** cook food.   나는 요리를 **하지 않을 것이다**.

영순법 다지기 4-2

will은 영어에서 조동사라 부른다. 조동사가 있을 때는 조동사 뒤에 바로 not을 붙이면 부정문이 됨을 기억하자.

1	I **will not** eat dinner at 7.	나는 7시에 저녁을 먹지 **않을 것이다**.
2	I **will not** hang out after work.	나는 일하고 난 후에 놀러 가지 **않을 것이다**.
3	He **will not** write a letter.	그는 편지를 쓰지 **않을 것이다**.
4	She **will not** clean her room.	그녀는 그녀의 방을 치우지 **않을 것이다**.
5	My cousin **will not** come here soon.	나의 사촌은 여기에 곧 오지 **않을 것이다**.
6	They **will not** study harder.	그들은 공부를 더 열심히 하지 **않을 것이다**.
7	I **will not** visit you.	나는 너를 방문하지 **않을 것이다**.
8	Chris **will not** propose you.	크리스는 너에게 프로포즈하지 **않을 것이다**.
9	I **will not** write a love letter.	나는 연애편지를 쓰지 **않을 것이다**.
10	She **will not** read a history book.	그녀는 역사책을 읽지 **않을 것이다**.

❗ Watch Out 다음 내용에 유의하자!

흔히들 will과 be going to를 같은 표현으로 생각한다.
하지만 주어가 특히 I(나)일 때에는 완전히 다른 의미가 된다.

$$\text{will} \neq \text{be going to}$$

☑ I **will** watch TV with my friend. 나는 친구랑 함께 TV를 볼 거야.
▶ 지금 말하면서 결심하는 느낌

☑ I **am going to** watch TV with my friend. 나는 친구와 함께 TV를 보기로 했어.
▶ 말하는 시점 이전에 이미 약속을 해둔 상황인 듯한 느낌

영순법 더더 연습

Be 동사의 뜻을 바로바로 잘 캐치하는 능력이 영어구사에서 매우 중요하다.
아래 문장들의 연습을 통해 완전히 내 것으로 만들어보자!

#01: 'will + 동사원형' 어순을 기억하자.
더욱 많은 문장을 통해 will 쓰는 법에 완전히 익숙해져 보자!

1	I **will go** to the park tomorrow.	나는 내일 공원에 **갈 거야**.
2	She **will sing** a song for us.	그녀는 우리에게 노래를 **부를 거야**.
3	We **will play** games at the party.	우리는 파티에서 **게임할 거야**.
4	The sun **will rise** in the morning.	해는 아침에 떠 **오를 거야**.
5	He **will eat** pizza for dinner.	그는 저녁에 피자를 **먹을 거야**.
6	They **will visit** their grandparents on Sunday.	그들은 일요일에 할머니, 할아버지를 **방문할 거야**.
7	Tomorrow **will be** a sunny day.	내일은 맑은 날씨가 **될 거야**.
8	The cat **will sleep** on the sofa.	고양이는 소파에서 **잘 거야**.
9	We **will learn** new words in class.	우리는 수업에서 새로운 단어를 **배울 거야**.

#02: Will 의 부정 (will not = won't)

will 뒤에 not 을 붙여 부정문 만드는 연습을 좀 더 해보자. 일상 회화에서는 will not 을 won't 로 줄여서 쓰는 경우가 많다.

1	I **won't play** outside after school.	방과 후에 밖에서 **놀지 않을 거야**.
2	She **won't eat** ice cream before dinner.	저녁 전에 아이스크림 **먹지 않을 거야**.
3	We **won't watch** TV tonight.	오늘 밤에는 TV를 **보지 않을 거야**.
4	He **won't go** to the store after class.	수업 후에 상점에 **가지 않을 거야**.
5	They **won't visit** the park on Sunday.	일요일에 공원에 **가지 않을 거야**.
6	I **won't wear** a hat in the house.	집 안에서는 모자를 **쓰지 않을 거야**.
7	She **won't read** a book before bedtime.	잠자리에 들기 전에 책을 **읽지 않을 거야**.
8	We **won't travel** during the winter.	겨울에 여행하지 **않을 거야**.
9	He **won't use** the computer after bedtime.	잠자는 시간 후에는 컴퓨터를 **사용하지 않을 거야**.

Review Test
공부한 내용을 테스트를 통해 복습해보아요.

A 다음 물음에 답하시오.

① 미래형으로 만드는 기본적 방법은? ▶
② will의 부정형은? ▶

B 영어단어의 순서를 배열하시오.

③ come | will | my | to | they | house
그들은 우리 집에 올 것이다.

④ piano | she | play | the | will
그녀는 피아노를 칠 것이다.

⑤ Saturday | we | go | will | to | next | Everland
우리는 다음주 토요일에 애버랜드에 갈 것이다.

⑥ visit | will | house | not | his | Jeff | friend's | tonight
제프는 오늘밤 친구의 집을 방문하지 않을 것이다.

C 다음을 영작하시오.

⑦ 우리는 복권에 당첨될 것이다. ▶

⑧ 그녀는 더 이상 울지 않을 것이다. ▶

⑨ 제인은 내년에 크리스와 결혼할 것이다. ▶

⑩ 내 친구는 나한테 거짓말을 하지 않을 것이다. ▶

Answer
① 동사 앞에 will
② will not
③ They will come to my house.
④ She will play the piano.
⑤ We will go to Everland next Saturday.
⑥ Jeff will not visit his friend's house tonight.
⑦ We will win the lottery.
⑧ She will not cry anymore.
⑨ Jane will marry Chris next year.
⑩ My friend will not lie to me.

인생을 살다 보면 어떤 일이 자신에게 불가능하다고 느껴질 때가 종종 있습니다.
하지만, 그 속을 가만히 들여다보면 그 일이 정말로 불가능한 것이 아닌 경우가 꽤나 많습니다.

대부분은 내가 그 일을 하기 싫거나 혹은 귀찮아서 해보지도 않고 불가능하다고
스스로 '확정' 지어버리는 일이 대부분인 듯합니다.

무슨 일을 하고 싶은데 불가능하다고 느껴질 때,
우리는 우리의 내면에 대고 진지하게 물어봐야 합니다.

"이 일이 진정 불가능한 일인가? 아니면 내가 하기 싫거나 귀찮은 일인가?"

누군가가 해냈다면 분명 나도 할 수 있습니다.

성공과 실패의 사이에는 포기만이 있습니다.
그 포기만 건너뛰면 누구나 성공할 수 있다고 믿습니다.

영어자신감! 제프스터디
JEFF 강사 드림.

5강의 목표
'~해라, ~해주세요, ~하시오' 등의 명령의 표현법을 안다.

5강의 내용
- 영순법 5-1 : 명령문 쓰는 법
- 영순법 5-2 : 명령문의 부정

CHAPTER

05

명령문
(동사원형으로 시작)

'~해라, ~해다오' 의 뜻 만들기

5강 핵심요약강의

큐알코드를 찍으면
핵심 요약강의를 수강하실 수 있습니다.

05 명령문 (동사원형으로 시작)

'~해라, ~해다오'의 뜻 만들기

영순법 5-1
명령문 쓰는 법

  영순법 5-1강의 핵심

영어의 가장 기본어순은 **'주어+동사'**이다. 그런데 **'주어+동사'** 부분에서 주어를 생략하고 동사로 문장을 시작한다면 그것은 영어의 **'명령문'**이 된다. 시작하는 동사는 반드시 <u>동사원형</u>을 써야 한다.

\# 영어에서 말하는 명령문은 '~해라/~해 주세요/~하시오' 등의 의미이지, 높은 사람이 아랫사람에게 하는 한국어적 의미의 '명령'과는 차이가 있다. (물론 한국어적 의미와 유사한 명령인 경우도 있음.)

- ☑ (You) **Work.**   일해라.
- ☑ Run.   달려라.
- ☑ Eat.   먹어라.
- ☑ Dance.   춤춰라.
- ☑ Drink.   마셔라.
- ☑ Walk.   걸어라.
- ☑ Exercise.   운동해라.
- ☑ Read.   읽어라.
- ☑ Talk.   말해라.
- ☑ Listen.   들어라.

영순법 다지기 5-1

명령문을 만들 때 동사의 목적어나 동사를 수식하는 표현들은 **동사 뒤**에 적는다. 영어는 '주어+동사'가 가장 기본 어순이고 **목적어 및 식구들(문장을 수식하는 표현들)은 모두 동사 뒤**에 적는 게 기본이다. 너무나 중요한 단어순서 감각이니 절대 잊으면 안된다!

1	**Walk** fast.	빨리 걸어라.
2	**Eat** dinner.	저녁을 먹어라.
3	**Work** every day.	매일 일해라.
4	**Think** differently.	다르게 생각해라.
5	**Swim** in the sea every day.	바다에서 매일 수영해라.
6	**Read** a newspaper.	신문을 읽어라.
7	**Play** the guitar.	기타를 연주해라.

be동사를 써서 명령문을 만들 수도 있다.
be동사를 쓸 때에는 be동사 뒤의 말이 be동사와 합쳐져서 하나의 뜻을 만들어 낸다.
(be 동사는 '~이다/~있다' 의 뜻으로서 뜻이 완전하지 못하기에 뒤에 나오는 말과 합쳐져 완전한 뜻이 만들어진다.

8	**Be** happy.	행복해라.
9	**Be** honest.	정직해라.
10	**Be** a doctor.	의사가 되라.

영순법 5-2
명령문의 부정

> **영순법 5-2강의 핵심**
>
> '~하지 말아라'라는 부정의 명령문을 만들고 싶을 때에는 동사 앞에 **Don't**를 붙인다.
> Don't뒤에 들어가는 **동사는 반드시 동사원형이 되어야 한다.**

Don't + V~ (~하지 말아라)
동사원형

- ☑ **Don't** work.   일하지 말아라.
- ☑ **Don't** run.   달리지 말아라.
- ☑ **Don't** eat.   먹지 말아라.

다지기를 통해 확실히 내 것으로 만들자!
영순법 다지기 5-2

부정명령문을 좀 더 연습해보자. 동사를 쓰고 동사 앞에 **don't**를 붙이면 간단히 부정의 명령문이 만들어진다.

1	**Don't** work.	일하지 말아라.
2	**Don't** run.	뛰지 말아라.
3	**Don't** eat candy.	사탕을 먹지 말아라.
4	**Don't** be sad.	슬퍼하지 말아라.
5	**Don't** be shy.	수줍어하지 말아라.
6	**Don't** be a thief.	도둑이 되지 말아라.
7	**Don't** be mean.	심술궂게 하지 말아라.
8	**Don't** listen to her.	그녀의 말을 듣지 말아라.
9	**Don't** be lazy.	게을러지지 말아라.
10	**Don't** use the laptop.	랩탑(노트북)을 쓰지 말아라.

영순법 더더 연습

#01: 일상 생활에 쓰일 수 있는 다양한 명령문에 익숙해져 보자.

1	**Eat** your vegetables.	채소를 먹어.
2	**Listen** carefully.	주의 깊게 들어.
3	**Speak** louder.	더 크게 말해.
4	**Run** fast.	빨리 달려.
5	**Read** the book.	그 책을 읽어.
6	**Write** your name.	네 이름을 써봐.
7	**Jump** high.	높게 점프해.
8	**Dance** freely.	자유롭게 춤춰.
9	**Sleep** well.	잘 자.
10	**Study** hard.	열심히 공부해.

#02: 부정의 명령문도 완전히 내 것으로 만들자!

1	**Don't eat** your vegetables.	채소를 먹지 마.
2	**Don't listen** carefully.	주의 깊게 듣지 마.
3	**Don't speak** louder.	더 크게 말하지 마.
4	**Don't run** fast.	빨리 뛰지 마.
5	**Don't read** the book.	그 책을 읽지 마.
6	**Don't write** your name.	너의 이름을 쓰지 마.
7	**Don't jump** high.	높게 점프하지 마.
8	**Don't dance** freely.	자유롭게 춤추지 마.
9	**Don't sleep** well.	잘 자지 마.
10	**Don't study** hard.	열심히 공부하지 마.

Review Test
공부한 내용을 테스트를 통해 복습해보아요.

A 다음 물음에 답하시오.

① 명령문을 쓰려면 문장 처음에 무엇을 써야 하나? ▶
② 명령문을 부정으로 만들 때 동사 앞에 무엇을 써야 하나? ▶

B 영어단어의 순서를 배열하시오.

③ fast run
빨리 달려라.

④ quickly the change book
빨리 책을 바꿔라.

⑤ good be a man
좋은 사람이 되어라.

⑥ dog don't of afraid be a
개를 무서워하지 말아라.

C 다음을 영작하시오.

⑦ 네 방을 치워라. ▶
⑧ 그녀를 사랑하지 마라. ▶
⑨ 그녀에게 잘해주지 말아라. ▶
⑩ 너의 마음이 시키는 대로 하라. ▶

Answer
① 동사원형
② Don't
③ Run fast.
④ Change the book quickly.
⑤ Be a good man.
⑥ Don't be afraid of a dog.
⑦ Clean your room.
⑧ Don't love her.
⑨ Don't be nice to her.
⑩ Follow your heart.

📍 6강의 목표

조동사란 문장의 동사에 **양념**을 치는 단어다. 조동사의 기본적 쓰임새를 알고,
조동사 쓰는 법을 완전히 내 것으로 만들어 보자! 하면 된다! 쉽다~!
우선 가장 기본이 되는 Can으로 조동사의 기본을 익혀보자!

📍 6강의 내용

- 영순법 6-1 : can 쓰는 법
- 영순법 6-2 : can 의 부정

CHAPTER
06

기본 조동사 can
(S + can + V)
주어 / 동사

동사를 도와주는 조동사 익히기 기본

6강 핵심요약강의

큐알코드를 찍으면
핵심 요약강의를 수강하실 수 있습니다.

06 기본 조동사 can (S + can + V)

동사를 도와주는 조동사 익히기 기본
주어 / 동사

영순법 6-1
Can 쓰는 법

영순법 6-1강의 핵심

영어의 가장 기본 어순은 '주어+동사'다. 이때 동사에 뜻을 보태어 **'양념'**을 치고 싶다면, **동사 앞에 조동사**를 써야 한다. 이 강에서는 가장 기본적인 조동사라 할 수 있는 can을 가지고 단어 순서 감각을 키워 보도록 하자!

can의 가장 기본 뜻은 '<u>~할 수 있다</u>'이며, 중요한 것은 can의 '위치'다.
<u>can은 '주어+동사'의 사이에 온다! 정확히는 동사 앞에 온다! 동사 뒤가 아니라 동사 앞이다!</u>

S(주어) + can + V(동사)
동사원형

he (그는)   dance (춤추다)
▼
He can dance.
그는 춤출 수 있다.

동사 앞에 can을 써야 한다. 동사 뒤가 아니다! 앞이다 앞!!

- ☑ He **can** read.　　　　　　　　　그는 **읽을 수 있다**.
- ☑ He **can** buy a car.　　　　　　　그는 차를 **살 수 있다**.
- ☑ He **can** run.　　　　　　　　　　그는 **달릴 수 있다**.
- ☑ He **can** eat pizza.　　　　　　　그는 피자를 **먹을 수 있다**.
- ☑ He **can** watch horror movies.　그는 공포영화를 **볼 수 있다**.

다지기를 통해 확실히 내 것으로 만들자!
영순법 다지기 6-1

좀 더 다양한 동사들 앞에 can을 붙여서 연습하자! 잊지 말라! **양념을 치는 동사인 조동사는 반드시 문장의 동사 바로 앞에 온다!** 주어와 동사 사이에 와야 한다! 우리에게는 참 낯선 어순이다. 그래서 영어가 힘들기도 하지만, 한국어와 다름이 있어 재미도 있다!

1	I **can** run.	나는 **달릴 수 있다**.
2	He **can** breathe.	그는 **숨쉴 수 있다**.
3	I **can** speak English.	나는 영어를 **말할 수 있다**.
4	Jeff **can** teach English very well.	제프는 영어를 매우 잘 **가르칠 수 있다**.
5	The teacher **can** punish you.	선생님은 너를 **벌 줄 수 있다**.
6	They **can** call you tomorrow.	그들은 내일 네게 **전화 할 수 있다**.
7	I **can** be your friend.	나는 당신의 친구가 **될 수 있다**.
8	She **can** write a poem.	그녀는 시를 **쓸 수 있다**.
9	He **can** become a lawyer.	그는 변호사가 **될 수 있다**.
10	My parents **can** sing hip-hop songs.	나의 부모님은 힙합노래를 **할 수 있다**.

삶의 지혜를 주는
📝 English Proverb

A little learning is a dangerous thing.

조금 아는 것이 더 위험하다.(선무당이 사람 잡는다)

지식이 부족할 때 자신이 아는 것에 대해 과신하거나 잘못된 결정을 내릴 위험이 크겠죠? 깊이 있는 이해와 충분한 지식을 갖추도록 우리 모두 노력합시다!

영순법 6-2
 Can의 부정

> **영순법 6-2강의 핵심**
>
> 이번에는 조동사가 들어간 문장을 **부정형**으로 만드는 연습을 해보자.
> 단순하다! <u>can뒤에 not을 바로 붙이면 된다!</u>

$$S\text{(주어)} + \textbf{cannot} + V\text{(동사)}$$
동사원형

I (나는)　　swim (수영하다)

▼

I cannot swim.
나는 수영을 하지 못한다.

- ☑ He **cannot** read. — 그는 **읽지 못한다**.
- ☑ He **cannot** buy a car. — 그는 차를 **사지 못한다**.
- ☑ He **cannot** run. — 그는 **달리지 못한다**.
- ☑ He **cannot** eat pizza. — 그는 피자를 **먹지 못한다**.
- ☑ He **cannot** watch horror movies. — 그는 공포영화를 **보지 못한다**.

영순법 다지기 6-2

좀 더 다양한 동사 앞에 cannot을 붙여보자! 이쯤에서 다시 이야기 하려 한다! 영어의 가장 핵심 어순은 '주어+동사'이고, 그 동사 앞에 조동사인 cannot을 붙이면 되는 것이다. 그럼 '~할 수 없다'라는 뜻이 만들어진다.

> **! Watch Out** 다음 내용에 유의하자!
>
> 잊을까봐 1강부터 지금까지 배운 것을 복습해보자! 가장 중요한 영순법이자 영어의 가장 중요한 단어순서 감각이다!
>
> 영어의 가장 핵심 어순은 **'주어+동사'**이다.
> 그리고 **'~을/~를'**에 해당하는 목적어는 **동사 뒤**에 적는다.
> **'시간이나 장소표현'** 식구들 표현은 문장의 뒤쪽에 적는다.
> 그리고, **조동사는 동사 앞에** 쓰고 문장을 부정문으로 만들고 싶을 때에는 조동사 **뒤에 not**을 붙인다.
>
> 위 말이 완벽히 이해 되었다면 JEFF 강사를 잘 따라오고 있습니다. 당신은 할 수 있습니다! 아자!

1	I **cannot** sleep.	나는 잠 잘 수 없다.
2	I **cannot** drink coffee.	나는 커피를 마실 수 없다.
3	My mother **cannot** drive a car.	우리 어머니는 차를 운전할 수 없다.
4	I **cannot** wake up early in the morning.	나는 아침에 일찍 일어날 수 없다.
5	The teacher **cannot** punish you.	선생님은 너에게 벌을 줄 수 없다.
6	They **cannot** call you tomorrow.	그들은 내일 네게 전화 할 수 없다.
7	I **cannot** be your friend.	나는 당신의 친구가 될 수 없다.
8	She **cannot** write a poem.	그녀는 시를 쓸 수 없다.
9	He **cannot** become a lawyer.	그는 변호사가 되지 못한다.
10	My parents **cannot** sing hip-hop songs.	나의 부모님은 힙합노래를 부르지 못한다.

영순법 더더 연습

#01: Can을 동사 앞에 적어 본래 동사에 **'할 수 있다'** 라는 **'양념'**을 치는 연습을 해보자.

1	She **can** sing well.	그녀는 노래를 잘 부를 수 있어.
2	They **can** solve problems.	그들은 문제를 해결할 수 있어.
3	He **can** swim.	그는 수영을 할 수 있어.
4	She **can** play the piano.	그녀는 피아노를 칠 수 있어.
5	They **can** speak different languages.	그들은 여러 언어를 할 수 있어.
6	He **can** draw beautifully.	그는 아름답게 그릴 수 있어.
7	She **can** bake tasty cookies.	그녀는 맛있는 쿠키를 굽을 수 있어.
8	They **can** use computers.	그들은 컴퓨터를 다룰 수 있어.
9	He **can** fix things.	그는 물건을 고칠 수 있어.
10	She **can** dance.	그녀는 춤출 수 있어.

#02: can 뒤에 not 을 적어 동사에 '~할 수 없다' 라는 양념을 쳐보자!

1	She **cannot** sing well.	그녀는 노래를 잘 부를 수 없어.
2	They **cannot** solve problems.	그들은 문제를 해결할 수 없어.
3	He **cannot** swim.	그는 수영을 할 수 없어.
4	She **cannot** play the piano.	그녀는 피아노를 칠 수 없어.
5	They **cannot** speak different languages.	그들은 여러 언어를 할 수 없어.
6	He **cannot** draw beautifully.	그는 예쁘게 그릴 수 없어.
7	She **cannot** bake tasty cookies.	그녀는 맛있는 쿠키를 굽을 수 없어.
8	They **cannot** use computers.	그들은 컴퓨터를 다룰 수 없어.
9	He **cannot** fix things.	그는 물건을 고칠 수 없어.
10	She **cannot** dance.	그녀는 춤추지 못해.

Review Test
공부한 내용을 테스트를 통해 복습해보아요.

A 다음 물음에 답하시오.

① 조동사의 정의는? ▶

② 조동사의 위치는? ▶

B 영어단어의 순서를 배열하시오.

③ can he noodles cook
그는 국수를 요리할 수 있다.

④ dance Jane teach can
제인은 춤을 가르칠 수 있다.

⑤ not they an iPhone can buy
그들은 아이폰을 살 수 없다.

⑥ can starcraft not she play
그녀는 스타크래프트를 할 줄 모른다.

C 다음을 영작하시오.

⑦ 그녀는 편지를 쓸 수 있다. ▶

⑧ 그들은 학교에 샌드위치를 가져올 수 있다. ▶

⑨ 제프는 한국의 아름다운 모습을 그릴 수 있다. ▶

⑩ 그는 내일 돌아올 수 없다. ▶

Answer

① 동사를 도와주는 말(동사에 양념을 치는 말)
② 동사 앞
③ He can cook noodles.
④ Jane can teach dance.
⑤ They cannot buy an iPhone.
⑥ She cannot play starcraft.
⑦ She can write a letter.
⑧ They can bring sandwiches to school.
⑨ Jeff can draw beautiful views of Korea.
⑩ He cannot come back tomorrow.

Fortune favors the prepared mind.

행운은 준비된 사람에게만 온다.

영어는 어쩌면 남은 나의 인생을 좀 더 행복하게 보낼 수 있는 하나의 기회입니다.
영어를 자유롭게 구사하는 나를 꿈꾸며 포기하지 마시고
반드시 영어자신감을 장착하시길 바랍니다.

JEFF 강사가 힘껏 돕겠습니다!

7강의 목표

좀 더 다양한 뜻을 지닌 조동사의 쓰임새에 눈을 뜬다.
핵심은 조동사의 위치다. **조동사는 '동사 앞'에 위치함**을 꼭 기억한다!

7강의 내용

- **영순법 7-1** : '의무'의 조동사
- **영순법 7-2** : 전혀 다른 두 가지 뜻을 가지는 조동사

CHAPTER 07

조동사 더욱 연습

S + should / have to / must + V
주어   동사

조동사의 확장 연습

7강 핵심요약강의

큐알코드를 찍으면
핵심 요약강의를 수강하실 수 있습니다.

조동사의 확장 연습

07 조동사 더욱 연습 (S + should/have to/must + V)

영순법 7-1
의무의 조동사

영순법 7-1강의 핵심

영어의 핵심은 단어순서 감각이다. 문장에서 어떤 순서로 어디에 조동사가 위치하는가가 매우 중요하다. 조동사의 위치는 반드시 문장의 주된 **'동사의 앞'에다가 써야 한다.** 아주 단순하지만 이 점을 잊어 영작이나 회화가 되지 않는다. 아래 문장들을 보고 조동사가 문장의 어디 위치에서 어떤 의미로 문장의 동사를 도와주고 있는지 잘 살펴보자.

S(주어) + should / have to / must + V(동사)
동사원형
~해야 한다

의무의 강도는 should 〈 have to 〈 must 순서이다.

- ☑ I **should** (=**have to/must**) do my homework. 나는 숙제를 해야 한다.
- ☑ You **should** (=**have to/must**) study English hard. 너는 영어를 열심히 공부해야 한다.
- ☑ You **should** (=**have to/must**) jog every morning. 너는 매일 아침 뛰어야 한다.
- ☑ You **should** (=**have to/must**) speak English. 너는 영어로 말해야 한다.
- ☑ You **should** (=**have to/must**) tell the truth. 너는 사실을 말해야 한다.

다지기를 통해 확실히 내 것으로 만들자!

영순법 다지기 7-1

영미인들이 가장 많이 사용하는 조동사 중에 하나인 should, have to, must를 가지고 연습해보자. 조동사의 의미를 아는 것만큼이나 중요한 것은 조동사의 '위치'다. **'주어+조동사+동사원형'**의 어순을 꼭 기억해야 한다.

> **! Watch Out** 다음 내용에 유의하자!
>
> 조동사는 동사 앞에 위치한다고 너무 강조해서 오해가 생길까 봐 잠시 언급합니다. 기본적인 문장이 아닌 의문문 혹은 특수한 형태의 문장에서는 조동사의 위치가 자유롭게 바뀌기도 합니다. 다른 것은 차차 다루기로 하고, 지금은 일단 '동사 앞'이라고 생각하고 맹연습합시다!
>
> - ☑ I **should** learn a new language. — 나는 새로운 언어를 배워야 한다.
> - ☑ They **should** talk aloud. — 그들은 크게 말해야 한다.
> - ☑ He **should** write a letter to her. — 그는 그녀에게 편지를 써야 한다.
> - ☑ She **should** go traveling. — 그녀는 여행을 가야한다.
> - ☑ Josh **should** watch the movie. — 조시는 영화를 봐야한다.
> - ☑ We **should** watch JEFFSTUDY. — 우리는 제프스터디를 봐야한다.
> - ☑ I **should** meet new girl. — 나는 새로운 여자를 만나야한다.
> - ☑ He **should** change his clothes. — 그는 옷을 갈아입어야한다.
> - ☑ Kate **should** buy coffee for me. — 케이트는 나에게 커피를 사야한다.
> - ☑ They **should** take a taxi. — 그들은 택시를 타야한다.

영순법 7-2
두 가지 뜻을 가지는 조동사

영순법 7-2강의 핵심

이번에는 must다! 영미인들이 참 많이 쓰는 조동사이다. 하지만 조심해야한다. must는 뜻이 두 개이다. **하나가 아니라 두 개다!**

'~해야한다' 그리고 '~임에 틀림없다'.
영어 초보를 벗어나기 위해서는 두 번째 뜻인 **'~임에 틀림없다'**에 더 주목하자! 이 뜻을 잊어버려 영어문장이 어렵게 느껴진다. 언어란 결국엔 암기에서 출발한다. '~임에 틀림없다' 라는 뜻이 있음을 반드시 암기해두자!

must
① ~해야 한다.
② ~임에 틀림없다.

01. '~해야 한다' 의 쓰임새로 쓰인 경우

- ☑ I **must** learn English. 나는 영어를 배워야 한다.
- ☑ I **must** finish my work. 나는 내 일을 끝마쳐야 한다.

02. '~임에 틀림없다' 의 쓰임새로 쓰인 경우

- ☑ He **must be** a teacher. 그는 선생님임에 틀림없다.
- ☑ He **must be** smart. 그는 똑똑함에 틀림없다.
- ☑ He **must be** a millionaire. 그는 백만장자임에 틀림없다.

영순법 다지기 7-2

다지기를 통해 확실히 내 것으로 만들자!

must 조동사의 위치에 주목하자. 동사 앞에 쓴다. 그리고 두 가지의 뜻이 있음에 유의하자!
다음 예문을 통해 확실히 must가 어떤 뜻으로 쓰이는 가에 대해 감을 익히자.

1	My friend **must be** smart.	내 친구는 똑똑한 게 **틀림없다**.
2	He **must be** rich.	그는 부자**임에 틀림없다**.
3	She **must be** my cousin.	그녀는 내 사촌**임에 틀림없다**.
4	The woman **must be** famous.	그 여자는 유명한 게 **틀림없다**.
5	He **must** learn English.	그는 영어를 **배워야 한다**.
6	My professor **must be** a genius.	내 교수는 천재**임에 틀림없다**.
7	Tomorrow is math test. I **must** study now.	내일이 수학시험이다. 나는 지금 공부**해야 한다**.
8	My friend stole a car. He **must be** crazy!	내 친구가 차를 훔쳤다. 그는 미친 게 **틀림없다**!
9	I need a house. I **must** save money.	나는 집이 필요하다. 나는 돈을 **모아야 한다**.
10	He has a luxury car. He **must be** a rich guy.	그는 럭셔리 차를 가지고있다. 그는 부자**임에 틀림없다**.

> **Watch Out** 다음 내용에 유의하자!
>
> **had better + V ~하는 편이 낫다.** (+그렇지 않으면 너는 곤란할거다)
>
> 예외적 상황도 있지만, 기본적으로 had better은 윗사람이 아랫사람에게 쓰는 표현이라고 알아두자. 어려운 분에게 함부로 썼다가는 곤란함을 겪을 수 있으니, 가급적 회화에서는 should를 주로 쓰자. 그러면 부담이 없다. 이 점에 유의하자.
>
> **Mom, you had ~~better~~ learn English.**
>   should
>
> 엄마는 영어를 배우는 편이 낫겠어요.

영순법 더더 연습

#01: should를 넣어 자연스럽게 아래 문장들을 말할 수 있도록 맹연습해보자. 다시 한번 강조하지만, 영어의 핵심은 단어순서 감각이고, 순서를 확실히 익히기 위해서는 특정 단어의 위치에 주목해야 한다. 영어는 문장의 주된 동사보다 양념인 조동사를 먼저 쓴다.

1	You **should** study.	공부해야 해.
2	You **should** exercise.	운동해야 해.
3	You **should** take out the trash.	쓰레기를 버려야 해.
4	You **should** wake up early.	일찍 일어나야 해.
5	You **should** make plans.	계획을 세워야 해.
6	You **should** read a book.	책을 읽어야 해.
7	You **should** maintain your health.	건강을 유지해야 해.
8	You **should** practice driving regularly.	정기적으로 운전 연습해야 해.
9	You **should** call your friend.	친구에게 전화해야 해.
10	You **should** learn new technology.	새로운 기술 배워야 해.

#02: '~임에 틀림없다' 라는 뜻을 지니는 must 의 쓰임을 확실히 내 것으로!
must가 '~임에 틀림없다' 라는 뜻을 가짐을 꼭 기억해 두어야 회화나 독해에서 막힘이 없다. 대부분 영어 초보자들은 must에 이 뜻이 있음을 기억하지 못해 영어가 어렵게 느껴진다. 우리는 절대 그러지 말자!

1	It **must** rain soon.	곧 비가 올 것임에 틀림없어.
2	She **must** be talented.	그녀는 재능 있음에 틀림없어.
3	He **must** know the solution.	그는 해결책을 알고 있음에 틀림없어.
4	The evidence **must** be overwhelming.	증거는 압도적임에 틀림없어.
5	The professor **must** be knowledgeable.	교수님은 지식이 풍부할 것임에 틀림없어.
6	They **must** be late.	그들은 늦을 것임에 틀림없어.
7	The meeting **must** be urgent.	회의는 긴급함에 틀림없어.
8	He **must** be smart.	그는 똑똑함에 틀림없어.
9	She **must** be a hardworking employee.	그녀는 열심히 일하는 직원임에 틀림없어.

> **Review Test**   공부한 내용을 테스트를 통해 복습해보아요.

A 다음 물음에 답하시오.

① '의무'의 뜻을 나타내는 조동사 세 개는? ▶

② must의 두 가지 뜻? ▶

B 영어단어의 순서를 배열하시오.

③ promise   should   he   keep   the

그는 약속을 지켜야 한다.

④ to   we   save   money   have

우리는 돈을 모아야 한다.

⑤ tired   must   they   be

그들은 피곤함에 틀림없다.

⑥ the   she   hungry   must   from   morning   be

그녀는 아침부터 배고픔에 틀림없다.

C 다음을 영작하시오.

⑦ 우리는 집에 가야한다. ▶

⑧ 그녀는 숙제를 제때 해야한다. ▶

⑨ 제프는 학생들을 위해 핸드아웃을 만들어야 한다. ▶

⑩ 그는 정직해야만 한다. ▶

> **Answer**
>
> ① should, have to, must
> ② ~해야한다. ~임에 틀림없다.
> ③ He should keep the promise.
> ④ We have to save money.
> ⑤ They must be tired.
> ⑥ She must be hungry from the morning.
> ⑦ We must go home.
> ⑧ She should do her homework in time.
> ⑨ Jeff has to make handouts for students.
> ⑩ He have to be honest.

영어실력은 계단식으로 성장합니다.

그래서 영어 공부를 인내를 가지고 끈기 있게 해 나가기가 무척이나 힘이 듭니다.

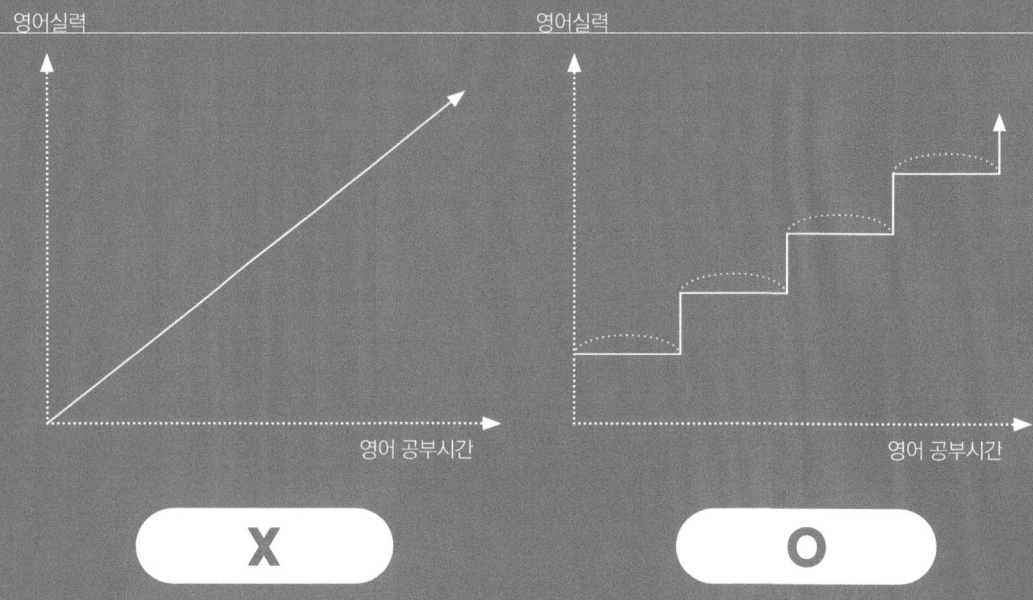

영어는 결코 투자한 시간에 비례해서 정직하게 실력이 늘지 않습니다.

위 그래프에서 보는 바와 같이 시간을 투자하여도 실력이 늘지 않는
지루하고도 힘든 구간이 반드시 존재합니다.

하지만 포기하지 않고 지속적으로 영어공부에 투자하면 서서히가 아니라
계단식으로 급격히 실력이 향상됩니다.

이 점을 잊지 말고 열심히 영어공부 하시길 바라는 마음입니다.
JEFF 강사가 그랬듯이 여러분도 계단식으로 자신의 영어 실력이 향상되는 기쁨을
만끽하실 수 있을 것입니다.

8강의 목표

가장 기본적인 **과거시제**(현재 이전에 일어난 일)의 표현법에 대해 안다.

8강의 내용

- 영순법 8-1 : 과거로 말하기
- 영순법 8-2 : 과거의 부정

CHAPTER 08

과거시제 1
(S + 일반동사 과거)
주어

일반동사를 이용한 가장 기본적인 과거의 일 나타내기

8강 핵심요약강의

큐알코드를 찍으면
핵심 요약강의를 수강하실 수 있습니다.

일반동사를 이용한 가장 기본적인 과거의 일 나타내기

08 과거시제 I (S + 일반동사 과거)

영순법 8-1
과거로 말하기

영순법 8-1강의 핵심

과거시제를 공부함에 있어 가장 중요한 것은, <u>과거 동사의 '모양'이다.</u>
1) 어떤 동사들은 ~ed를 붙이면 과거형이 되고,
2) 어떤 동사들은 자기 마음대로 과거시제의 모양이 변한다.

우리는 자기 멋대로 변하는 두번째 과거동사 모양에 주목해야 한다. -ed 로 끝나는 형태가 아닌 동사의 과거형을 자유자재로 쓸 수 있어야 영어가 된다.

동사의 특이한 과거형은 반드시 암기 해야한다! 그렇지 않으면 영어공부를 할 수 없다.

반드시 우선해서 암기해야 할 동사의 과거형 & 과거분사형은 '왕초보문법용어편 7강_동사의 3단변화' 파트를 참고하시길 바랍니다.

한글의 과거형	영어의 과거형
일**했**다	work**ed**
놀**았**다	play**ed**
왔다	came
잠**잤**다	slept
먹**었**다	ate

Jeff (제프)   work (일한다)

▼

Jeff worked**.**
제프는 일했다.

좀 더 다양한 과거동사의 모양을 연습해보자!

- ☑ Jeff stud**ed**.   제프는 일**했**다.
- ☑ Jeff watch**ed**.   제프는 보**았**다.
- ☑ Jeff clean**ed**.   제프는 청소**했**다.
- ☑ Jeff **slept**.   제프는 **잤**다.
- ☑ Jeff **ate**.   제프는 먹**었**다.
- ☑ Jeff **wrote**.   제프는 **썼**다.

영순법 다지기 8-1

다지기를 통해 확실히 내 것으로 만들자!

동사가 과거형이 된다고 해도 영어의 가장 기본적인 어순에는 변함이 없다.
영어의 가장 기본 어순을 되짚어 보자.
<u>영어의 가장 기본적인 어순은 '주어+동사'이고</u>
<u>'~을/~를'에 해당하는 목적어는 '주어+동사' 뒤에 적고,</u>
<u>그 밖에 시간이나 장소표현은 문장의 뒷부분에 쓴다.</u>
위 내용을 확실히 내 것으로 만들고 아래 문장들을 잘 살펴보자.

1	I stud**ied** English yesterday.	나는 어제 영어를 **공부했**다.
2	I call**ed** her last night.	나는 지난 밤 그녀에게 **전화했**다.
3	I **lost** my key this morning.	나는 오늘 아침 나의 열쇠를 **잃어버렸**다.
4	He **met** his friend last month.	그는 지난달에 친구를 **만났**다.
5	She **took** a picture with her friends.	그녀는 친구와 함께 사진을 **찍었**다.
6	I dream**ed** about my future.	나는 내 미래에 대해 **꿈꿨**다.
7	I **found** my key in the classroom.	나는 교실에서 내 열쇠를 **찾았**다.
8	He **saw** his mother at the airport.	그는 그의 어머니를 공항에서 **보았**다.
9	They **caught** a thief at the shopping mall.	그들은 쇼핑몰에서 도둑을 **잡았**다.
10	Jake **had** a dinner with his family.	제이크는 그의 가족과 함께 저녁을 **먹었**다.

영순법 8-2
과거의 부정

영순법 8-2강의 핵심

과거동사를 부정형으로 만들기 위해서는 **동사를 동사원형으로 쓰고 그 앞에 didn't를 붙인다. didn't의 위치에 주목하자! 동사 앞에 쓴다. 뒤가 아니라 '앞'에 쓴다!**

다시 한 번 강조하지만, 영어의 가장 기본 어순은 '주어+동사' 이고 과거 일에 대한 부정형태는 didn't 를 동사 앞에다가 쓰면 된다.

S(주어) + **didn't** + **V**(동사)
　　　　　　　　　　　　　동사원형

I　　　　eat pizza
나는　　　피자를 먹다.

I ate pizza yesterday.
나는 어제 피자를 먹었다.

▼

I didn't eat pizza yesterday.
나는 어제 피자를 먹지 않았다.

좀 더 다양한 동사로 didn't를 쓰는 연습을 해보자! 다시 한번 강조한다. **didn't는 동사 앞에 쓴다!**

- ☑ I **didn't** study yesterday.　　　　　　　　　　나는 어제 공부하지 **않았다**.
- ☑ I **didn't** read a newspaper yesterday.　　　　나는 어제 신문을 읽지 **않았다**.
- ☑ I **didn't** play computer games yesterday.　　나는 어제 컴퓨터게임을 하지 **않았다**.
- ☑ I **didn't** call you yesterday.　　　　　　　　　나는 어제 너에게 전화를 하지 **않았다**.
- ☑ I **didn't** make cookies yesterday.　　　　　　나는 어제 쿠키를 만들지 **않았다**.

영순법 다지기 8-2

다지기를 통해 확실히 내 것으로 만들자!

과거형의 부정문이 되더라도 뒤에 나오는 정보의 순서는 비슷하다.
그 밖의 표현(목적어, 시간 or 장소표현)은 동사의 뒤에 쓴다! 영어의 핵심은 어순감각! 잊지 말자!

1	She **didn't** work hard.	그녀는 열심히 일하지 **않았다**.
2	Chul-soo **didn't** sleep last night.	철수는 지난 밤에 잠을 자지 **않았다**.
3	I **didn't** read newspaper in the morning.	나는 아침에 신문을 읽지 **않았다**.
4	I **didn't** drink beer yesterday.	나는 어제 맥주를 마시지 **않았다**.
5	She **didn't** take a picture with her friends.	그녀는 친구와 사진을 찍지 **않았다**.
6	I **didn't** dream about my future.	나는 내 미래에 대해 꿈을 꾸지 **않았다**.
7	They **didn't** ask me to go to the party.	그들은 내게 파티에 가라고 부탁하지 **않았다**.
8	He **didn't** see his mother at the airport.	그는 어머니를 공항에서 보지 **않았다**.
9	They **didn't** catch a thief at the shopping mall.	그들은 쇼핑몰에서 도둑을 잡지 **않았다**.

영순법 더더 연습

과거의 일에 대해 didn't 를 넣어 부정문을 만들어보자. didn't 뒤 동사는 반드시 동사원형(동사의 가장 기본 모양)으로 와야 함을 잊지 말자!

1	He **didn't** study for the exam.	그는 시험공부를 안 했어.
2	They **didn't** finish their homework on time.	그들은 숙제를 제 시간에 끝내지 않았어.
3	We **didn't** go to the party last night.	우리는 어젯밤 파티에 안 갔어.
4	I **didn't** like the movie.	나는 그 영화를 안 좋아했어.
5	You **didn't** clean your room.	너는 방 정리를 안 했어.
6	It **didn't** rain yesterday.	어제 비가 안 왔어.
7	The dog **didn't** bark at the stranger.	개가 낯선 사람에게 짖지 않았어.
8	She **didn't** cook dinner for us.	그녀는 우리한테 저녁을 안 해줬어.

Review Test
공부한 내용을 테스트를 통해 복습해보아요.

A 다음 물음에 답하시오.

① call, lose, meet 동사의 각각의 과거형을 쓰시오. ▶

② 일반동사의 과거 부정일 때 필요한 것? ▶

B 영어단어의 순서를 배열하시오.

③ didn't   Jeff   today   swim
제프는 오늘 수영을 하지 않았다.

④ long   she   for   slept   a   time
그녀는 오랫동안 잠잤다.

⑤ money   we   spend   didn't   wisely
우리는 돈을 현명하게 쓰지 않았다.

⑥ birthday   I   friends   to   my   invited   party   my
나는 내 친구들을 나의 생일 파티에 초대했다.

C 다음을 영작하시오.

⑦ 나는 커피를 마셨다. ▶

⑧ 그녀는 지난 달에 치마를 샀다. ▶

⑨ 학생들은 숙제를 하지 않았다. ▶

⑩ 유명한 가수는 제 시간에 나타나지 않았다. ▶

Answer

① called, lost, met
② didn't
③ Jeff didn't swim today.
④ She slept for a long time.
⑤ We didn't spend money wisely.
⑥ I invited my friends to my birthday party.
⑦ I drank coffee.
⑧ She bought a skirt last month.
⑨ The students didn't do their homework.
⑩ A famous singer didn't appear on time.

9강의 목표
be동사를 사용한 과거시제의 표현법에 자신감을 가진다.

9강의 내용
- 영순법 9-1 : be 동사의 과거
- 영순법 9-2 : be 동사의 과거부정

CHAPTER

과거시제 2
(S + be동사 과거)
주어

be동사를 사용한 과거의 일!

9강 핵심요약강의

큐알코드를 찍으면
핵심 요약강의를 수강하실 수 있습니다.

09 과거시제 2 (주어 + be동사 과거)

be동사를 사용한 과거의 일!

영순법 9-1
be동사의 과거

영순법 9-1강의 핵심

Be동사의 과거형과 관련하여 한가지 조심할 점이 있다.
be동사의 과거형은 주어의 상황에 따라 <u>was가 되기도 하고, were가 되기도 한다.</u>
go 동사 같은 일반동사는 과거형이 주어에 따라 변하지 않는다. 항상 went 다.
하지만, be 동사는 아래와 같이 변한다. 주어의 상황에 따라 적절히 써 주어야 한다.

I You Jeff She He They	I It He She Jeff	You They
went to Dogok station.	**was** sad yesterday.	**were** sad yesterday.
~는 도곡역에 갔었다.	~는 어제 슬펐다.	~는 어제 슬펐다.

- ☑ I **was** tired yesterday. 　　　　나는 어제 피곤했다.
- ☑ I **was** happy yesterday. 　　　나는 어제 행복했다.
- ☑ I **was** scared yesterday. 　　　나는 어제 무서웠다.
- ☑ I **was** surprised yesterday. 　　나는 어제 놀랐다.
- ☑ I **was** lucky yesterday. 　　　　나는 어제 운이 좋았다.
- ☑ You **were** fast yesterday. 　　　너는 어제 빨랐다.
- ☑ We **were** happy yesterday. 　　우리는 어제 행복했다.
- ☑ We **were** rich once. 　　　　　우리는 한때 부자였다.

Watch Out — 다음 내용에 유의하자!

참고로 **과거형 표현은 뒤에 과거의 명확한 시점을 나타내는 표현과 어울리는 경우가 많음**을 기억하자.

이 점이 have p.p. (현재완료형) 표현과의 결정적 차이이며, 이 부분은 차후 현재완료 파트에서 상세히 다루도록 한다.

다지기를 통해 확실히 내 것으로 만들자!

영순법 다지기 9-1

다시 기억하자. 영어의 핵심은 '주어+동사'이다. 동사가 be동사일때는 was또는 were을 써서 과거형을 만들어 낼 수 있다. 시간이나 장소표현은 문장의 뒤로 가는 것을 기억하자.
또한, be동사에는 '~이다' 뿐만 아니라 '있다(존재하다)'라는 뜻도 있음을 절대 잊어서는 안된다.

1	I **was** happy yesterday.		나는 어제 행복했다.
2	I **was** in Dogok station last night.		나는 지난 밤 도곡역에 있었다.
3	You **were** a bad man.		너는 나쁜 놈이었다.
4	They **were** thieves.		그들은 도둑들이었다.
5	We **were** rich 2 years ago.		우리는 2년전에 부자였다.
6	I **was** poor last year.		나는 작년에 가난했다.
7	She **was** so lazy.		그녀는 너무 게을렀다.
8	He **was** very diligent person.		그는 매우 부지런한 사람이었다.
9	They **were** smart once.		그들은 한때는 똑똑했다.

영순법 9-2
be동사 과거의 부정

영순법 9-2강의 핵심

be동사 과거형의 부정문 만드는 법을 알자.
영어의 핵심은 무엇인가? 그렇다. 단어가 던져지는 순서다! 순서를 꼭 잘 기억해야 한다.
<u>be동사 뒤에 not을 붙이면, 부정문이 된다!</u> be 동사 '앞'이 아니라 be 동사 '뒤'에 not을 쓴다!.

S(주어) + was / were + not~

- [x] I **was not** tired yesterday.   나는 어제 피곤하지 않았다.
- [x] I **was not** happy yesterday.   나는 어제 행복하지 않았다.
- [x] I **was not** scared yesterday.   나는 어제 무섭지 않았다.
- [x] I **was not** surprised yesterday.   나는 어제 놀라지 않았다.
- [x] I **was not** lucky yesterday.   나는 어제 운이 좋지 않았다.
- [x] You **were not** a fast runner.   너는 빠른 달리기 선수가 아니었다.
- [x] We **were not** happy yesterday.   우리는 어제 행복하지 않았다.
- [x] We **were not** rich three years ago.   우리는 3년 전에 부자가 아니었다.

다지기를 통해 확실히 내 것으로 만들자!

영순법 다지기 9-2

be 동사의 과거형이 나올 때의 부정형을 좀 더 연습해보자.

1	He **was not** perfect.	그는 완벽하지 않았다.
2	She **was not** at the party.	그녀는 파티에 없었다.
3	You **were not** kind.	너희들은 친절하지 않았다.
4	They **were not** angry.	그들은 화나지 않았다.
5	He **was not** a good doctor.	그는 좋은 의사가 아니었다.
6	Kate **was not** a kind person.	케이트는 친절한 사람이 아니었다.
7	Jacob **was not** my friend last year.	제이콥은 작년에는 내 친구가 아니었다.
8	We **were not** bad guys in our school.	우리는 학교에서 나쁜 아이들이 아니었다.
9	John and Jack **were not** strong.	존과 잭은 강하지 않았다.
10	I **was not** a good listener of others.	나는 다른 사람의 말을 잘 듣지 않았다.

영순법 더더 연습

was 와 were 가 들어간 다양한 영어문장에 좀 더 익숙해보자! 주의 할 점은 아래 문장들에서 쓰인 **was, were 가 '~이었다' 의 뜻인지 '~있었다' 의 뜻인지를 잘 구별**해보자.

1	I **was** at the store yesterday.	나는 어제 가게에 있었어.
2	We **were** excited about the concert.	우리는 콘서트에 기대를 많이 했어.
3	He **was** a great help during the move.	그는 이사 중에 큰 도움이 되었어.
4	They **were** at the beach last weekend.	그들은 지난 주말에 해변에 있었어.
5	She **was** on the phone with her friend.	그녀는 친구와 전화 중이었어.
6	We **were** in the park enjoying the sunshine.	우리는 햇볕을 즐기며 공원에 있었어.
7	It **was** a rainy day, but I was still happy.	그 날은 비가 오는 날이었지만, 난 여전히 행복했어.
8	They **were** at the party until late.	그들은 늦게까지 파티에 있었어.
9	I **was** the first to arrive at the meeting.	나는 회의에 첫 번째로 도착한 사람이었어.

Review Test
공부한 내용을 테스트를 통해 복습해보아요.

A 다음 물음에 답하시오.

① be 동사의 과거모양 두 가지? ▶

② be 동사 과거 부정형 만드는 방법? ▶

B 영어단어의 순서를 배열하시오.

③ school   was   at   I
나는 학교에 있었다.

④ with   yesterday   friends   her   was   Yeon-hee
연희는 어제 친구들과 같이 있었다

⑤ wasn't   She   happy
그녀는 행복하지 않았다.

⑥ kind   to   weren't   foreigners   they
그들은 외국인들한테 친절하지 않았다.

C 다음을 영작하시오.

⑦ 그들은 지난 주에 세부에 있었다. ▶

⑧ 그는 도둑이였다. ▶

⑨ 제프는 수학 선생님이 아니였다. ▶

⑩ 나는 인터뷰 때문에 떨렸었다. ▶

Answer

① was, were
② was(were) not
③ I was at school.
④ Yeon-hee was with her friends yesterday.
⑤ She wasn't happy.
⑥ They weren't kind to foreigners.
⑦ They were in Cebu last week.
⑧ He was a robber.
⑨ Jeff wasn't a math teacher.
⑩ I was nervous because of the interview.

📍 10강의 목표

단순한 의미가 아닌 **특별한 의미**가 더해지는 과거시제의 표현법에 대해 안다.
이 부분은 영어 초급자를 벗어나는 데 매우 중요하다.
할 수 있다는 자신감을 가지고 도전해보자! 아자! 하면 된다!

📍 10강의 내용

- 영순법 10-1 : used to
- 영순법 10-2 : had to vs. should have p.p.

CHAPTER
10

과거시제 3
(S + used to + V, 조금 특별한 과거)
주어 　　　　　　　동사

(조금 특별한 과거) – 이 것까지 알면 당신은 과거형 정복자!

10강 핵심요약강의

큐알코드를 찍으면
핵심 요약강의를 수강하실 수 있습니다.

(조금 특별한 과거) - 이것까지 알면 당신은 과거형 정복자!

과거시제 3 (S + used to + V, 조금 특별한 과거)

영순법 10-1
Used to

영순법 10-1강의 핵심

주어와 동사 사이에 used to를 넣으면 '**~하곤 했었다+지금은 그렇지 않다**'라는 뜻이 된다.
(used to 용법을 조금 깊게 본다면 여러 상황을 고려해야 하지만, 일단은 'used to +동사원형' 이 보이면 '**지금은 그렇지 않다**'는 뜻이 더해진다고 기억해두자.)

S(주어) + **used to** + **V**(동사)
~하곤 했다 / ~했었다 (지금은X)   동사원형

I	jog
나는	달린다

▼

I used to jog.
나는 달리곤 했다. (지금은 달리지 않는다.)

- ☑ I **used to** be famous.   나는 유명했었다.(지금은 유명하지 않다.)
- ☑ I **used to** work.   나는 일하곤 했었다. (지금은 일하지 않는다.)
- ☑ I **used to** travel.   나는 여행을 다니곤 했었다. (지금은 여행을 다니지 않는다.)
- ☑ I **used to** exercise.   나는 운동하곤 했었다. (지금은 운동하지 않는다.)
- ☑ I **used to** cook.   나는 요리하곤 했었다. (지금은 요리하지 않는다.)

영순법 다지기 10-1

다지기를 통해 확실히 내 것으로 만들자!

Used to 를 사용하여 좀 더 다양하게 표현해보자. 잊지 말자. used to 는 동사에다 양념을 듬뿍 치는 조동사이다. **양념의 뜻은 '과거에는 ~했었다. 하지만, 지금은 하지 않는다.'** 이다.

우리말로 하자면 꽤나 단어가 긴 문장을 영어는 단, 두 단어 used to 를 써서 표현할 수 있다. 매우 효율적인 표현법이고, 그 만큼 활용도도 매우 높다.

(그래서 시험에도 잘 나오는 표현입니다. 학생 여러분들은 더더욱 잘 알고 있어야 하는 표현입니다!)

1	I **used to** watch TV every day.	나는 TV를 매일 보곤 했다.
2	He **used to** travel a lot.	그는 여행을 많이 다니곤 했다.
3	I **used to** live alone.	나는 혼자 살았었다.
4	She **used to** have long hair.	그녀는 긴 머리를 가지고 있었다.
5	I **used to** play soccer well.	나는 축구를 잘 하곤 했었다.
6	He **used to** teach English.	그는 영어를 가르치곤 했었다.
7	I **used to** teach Korean to foreigners.	나는 외국인에게 한국어를 가르치곤 했었다.
8	Tom **used to** smoke cigarettes.	톰은 담배를 피우곤 했었다.
9	Ben **used to** play basketball.	벤은 농구를 하곤 했었다.
10	I **used to** get up early in the morning.	나는 아침에 일찍 일어나곤 했다.

별도 표시하지 않았으나 위 문장의 해석에는
모두 '현재는 그렇지 않다'라는 뜻이 보태어 짐을 유의하자.

영순법 10-2
had to vs. should have p.p.

영순법 10-2강의 핵심

주어와 동사 사이에 had to 를 넣어보자. '**~했어야 했다**' 라는 양념 표현이 더해짐을 알자.

('~했어야 했다'라는 표현은 과거에 어떤 일을 했어야 해서 결론적으로 '했다'라는 뜻이다.)

S(주어) + **had to** + V(동사)
         ~했어야 했다   동사원형

- [x] I **had to** study for the exam tomorrow.   나는 내일 시험을 위해 **공부했어야 했다**.
- [x] I **had to** take a rest.   나는 휴식을 **취했어야 했다**.
- [x] I **had to** call my friends yesterday.   나는 어제 친구에게 **전화했어야 했다**.
- [x] I **had to** watch the baseball game.   나는 야구경기를 **봤어야 했다**.
- [x] I **had to** see my doctor.   나는 담당의사를 **만났어야 했다**.

Watch Out 다음 내용에 유의하자!

아래 설명을 보고, **had to+동사원형**과 **should have p.p**.의 어감 차이에 눈떠야 한다. 영미인들이 너무나 많이 사용하는 표현들이니 꼭 잘 알아두도록 하자. (그래서 이 부분도 영어 시험에서 매우 자주 다루는 문법 파트입니다. 학생여러분들 더더욱 완전히 내 것으로 만드세요!)

- [x] I had math test yesterday. I **had to** study hard.
  나는 어제 수학 시험이 있었다. 그래서 나는 열심히 공부를 **했어야 했다**.
- [x] I failed math test. I **should have studied** hard.
  나는 수학시험에서 낙제했다. 나는 공부를 열심히 **했어야 했다**. (근데 후회스럽게도 안했다.)

아래 해석에는 모두 '어떤 일을 과거에 했어야 했는 데 안해서 후회스럽다' 라는 뜻이 보태어 짐을 유의하자.

- ☑ I **should have studied** for the exam tomorrow.
  나는 내일 시험을 위해 공부를 했어야 했는데…

- ☑ I **should have taken** a rest.
  나는 휴식을 취했어야 했는데…

- ☑ I **should have called** my friends yesterday.
  나는 어제 친구에게 전화했어야 했는데…

- ☑ I **should have watched** the baseball game.
  나는 야구경기를 봤어야 했는데…

- ☑ I **should have seen** my doctor.
  나는 담당의사를 만났어야 했는데...

다지기를 통해 확실히 내 것으로 만들자!
영순법 다지기 10-2

had to 와 should have p.p 를 사용한 문장 표현에 더욱 친숙해지자. 다시한번 기억하자.
had to 는 '했어야 해서 했다' 라는 의미이고, should have p.p. 는 '했어야 했는데 하지 않아서 후회스럽다' 라는 의미이다.

1	I **had to** lose my weight.	나는 살을 빼야 했었다.
2	We **had to** move to another city.	우리는 다른 도시로 이사를 가야만 했었다.
3	I **should have taken** a break.	나는 휴식을 취했어야 했는데…
4	We **should have bought** a computer.	우리는 노트북을 샀어야 했는데…
5	I **should have learned** another language.	나는 다른 언어를 배웠어야 했는데…
6	He **had to** clean his room.	그는 그의 방을 청소했어야 했었다.
7	Tom **had to** stop at the stop sign.	톰은 스탑 표지판에서 멈춰야만 했다.
8	I **should have stopped** her.	나는 그녀를 붙잡았어야 했는데…
9	She **should have stayed** still.	그녀는 그 자리에 가만히 있었어야 했는데…

영순법 더더 연습

#01: used to 표현을 좀 더 맹연습 해보자. used to 표현은 참 많이 쓰이는 표현이다. 완전히 내 것으로 만들자! used to의 포인트는 '예전엔 그랬지만 지금은 그렇지 않다' 이다.
(아래 해석에는 모두 '지금은 그렇지 않다' 라는 내용은 편의상 빠져 있음을 알려드려요~)

1	I **used to** run every morning.	매일 아침 달렸어.
2	She **used to** live here.	그녀는 여기 살았었어.
3	We **used to** swim a lot.	우리는 많이 수영했어.
4	He **used to** work there.	그는 거기 일했었어.
5	They **used to** play together.	그들은 함께 놀았었어.
6	She **used to** live here.	그녀는 여기 살았었다.
7	My grandpa **used to** fish.	할아버지는 낚시했었어.
8	We **used to** visit often.	우리는 자주 방문했어.
9	Sarah **used to** sing well.	사라는 노래를 잘 부르곤 했어.
10	I **used to** hate school.	나는 학교를 싫어했었어.

#02: should have p.p. 표현을 좀 더 맹연습 해보자. 포인트는 **'과거일에 대하여 하지 않아서 후회하는 느낌'** 이다.

1	I **should have practiced** piano more when I was younger.	내가 어릴 때 더 많이 피아노를 연습했어야 했는데…
2	She **should have saved** money for the trip.	그녀가 여행을 위해 돈을 더 모아둬야 했는데...
3	We **should have called** our grandparents last week.	우리가 지난 주에 할아버지, 할머니에게 전화해야 했었는데...
4	He **should have listened** to the advice.	그는 조언을 들었어야 했는데….
5	They **should have studied** for the test.	그들은 시험 공부를 했어야 했는데...
6	I **should have bought** a smaller backpack for the hike.	나는 등산을 위해 더 작은 배낭을 샀어야 했는데...
7	You **should have worn** a jacket; it's cold outside.	넌 자켓을 입었어야 했는데… 밖이 춥거든.
8	We **should have left** earlier to avoid traffic.	우리는 교통체증을 피하기 위해 더 일찍 떠나야 했는데...

> **Review Test**   공부한 내용을 테스트를 통해 복습해보아요.

A 다음 물음에 답하시오.

① '~하곤 했다.' (지금은 그렇지 않다)를 영어로 표현하기 위해 필요한 두 단어는? ▶

② '~했었어야 했는데…' 를 표현하는 세 단어는? ▶

B 영어단어의 순서를 배열하시오.

③ eat   a   lot   used   to   I
나는 한 때 많이 먹곤 했다.

④ be   she   to   used   a   math   teacher
그녀는 한 때 수학선생님이였다.

⑤ sing   she   beautifully   used   to
그녀는 한 때 아름답게 노래했었다.

⑥ bully   to   their   classmates   they   used
그들은 한 때 그들의 반 친구들을 괴롭혔었다.

C 다음을 영작하시오.

⑦ 그들은 학교 활동에 참여했어야 했는데… ▶

⑧ 나는 돈을 벌기 위해 일을 했었어야 했는데… ▶

⑨ 그는 청구서를 지불해야 했었다. ▶

⑩ 우리는 숙제를 끝내야 했었다. ▶

Answer

① used to + 동사원형
② should have p.p.
③ I used to eat a lot
④ She used to be a math teacher.
⑤ She used to sing beautifully.
⑥ They used to bully their classmates.
⑦ They should have participated in school activities.
⑧ I should have worked to earn money.
⑨ He had to pay the bills.
⑩ We had to finish our homework.

The greatest pleasure in life is doing what people say you cannot do.

인생의 가장 큰 기쁨은 남들이 내가 못해낼 것이라고 말하는 일을 해내는 것이다.

Walter Bagehot (영국의 경제학자)

📍 11강의 목표
가장 기본적인 **의문문**을 만드는 법을 안다.

📍 11강의 내용
- 영순법 11-1 : 의문문 만들기
- 영순법 11-2 : 의문문 과거형

물어보기 1
(Do + S + V ~?, 일반동사 의문문)
(주어) (동사)

(일반동사 의문문) - 가장 기본적으로 물어보기

11강 핵심요약강의

큐알코드를 찍으면
핵심 요약강의를 수강하실 수 있습니다.

11. 물어보기 I (Do + S + V ~?, 일반동사 의문문)

(일반동사 의문문) - 가장 기본적으로 물어보기

영순법 11-1 의문문 만들기

영순법 11-1강의 핵심

영어의 가장 기본어순은 '주어+동사' 이다. 상대방에게 뭔가 물어보고 싶을 때 **주어 앞에 Do를 넣으면 의문문이 된다.** (이 때의 문장의 동사는 '일반동사'이고, Do는 문장에서 조동사 취급하기에 뒤의 동사는 항상 동사원형을 써야 한다.)

Do 이외 다른 조동사를 넣어야 하는 경우도 많다. 항상 강조하지만 일단은 가장 빈도가 높고 기초적인 것을 확실히 내 것으로 만든 후 다른 것들은 차차 알아보도록 한다.

Do + S(주어) + V(동사) ~ ?
    일반동사

You drink coffee.
너는 커피를 마신다.

▼

Do you drink coffee?
너는 커피를 마시니?

- ☑ **Do** you like coffee?　　당신은 커피를 **좋아합니까**?
- ☑ **Do** you sell coffee?　　당신은 커피를 **팝니까**?
- ☑ **Do** you buy coffee?　　당신은 커피를 **삽니까**?
- ☑ **Do** you hate coffee?　　당신은 커피를 **싫어합니까**?
- ☑ **Do** you have coffee?　　당신은 커피를 **가지고 있습니까**?

영순법 다지기 11-1

> 다지기를 통해 확실히 내 것으로 만들자!

가장 기본이 되는 의문문 만들기이다. **'주어+동사'** 기본 어순 앞에 **do** 를 붙이면 의문문이 만들어지는 문장에 익숙해져 보자.

1	**Do** you work here?	너는 여기에서 **일하니?**
2	**Do** you live in Seoul?	당신은 서울에 **삽니까?**
3	**Do** we go to school?	우리는 학교에 **가니?**
4	**Do** they sleep well?	그들은 잠을 잘 **자니?**
5	**Do** you like reading books?	너는 책을 읽는 것을 **좋아하니?**
6	**Do** you like soccer?	너는 축구를 **좋아하니?**
7	**Do** you watch English Premier League?	너는 EPL(영국 축구리그)을 **보니?**
8	**Do** they watch horror movies?	그들은 공포영화를 **보니?**
9	**Do** you exercise every day?	너는 매일 **운동하니?**
10	**Do** you know him?	너는 그를 **알고 있니?**

! Watch Out 다음 내용에 유의하자!

주어가 3인칭 단수이고, 동사가 현재형일 때는 주어 앞에 Do 대신에 **Does**를 붙이면 의문문이 만들어진다.

$$\text{Does} + \text{S} + \text{V} + \sim?$$

(3인칭 단수)

- ☑ **Does** he love you? — 그는 당신을 **사랑합니까?**
- ☑ **Does** he teach English well? — 그는 영어를 잘 **가르칩니까?**
- ☑ **Does** she like you? — 그녀는 당신을 **좋아합니까?**
- ☑ **Does** your sister watch Korean dramas? — 너의 여동생은 한국드라마를 **봅니까?**
- ☑ **Does** Mike work out at the gym? — 마이크는 체육관에서 운동을 **합니까?**
- ☑ **Does** your mother know that? — 당신의 어머니는 그걸 **알고 있습니까?**
- ☑ **Does** James play ping pong? — 제임스는 탁구를 **칩니까?**
- ☑ **Does** Peter know her? — 피터는 그녀를 **압니까?**
- ☑ **Does** Kate love me? — 케이트는 날 **사랑합니까?**

영순법 11-2
의문문 과거형

영순법 11-2강의 핵심

과거의 일에 대해서 물어볼 때는 '주어+동사'의 기본 어순 앞에 Did를 붙이면 의문문이 만들어진다. Do를 Did로 바꾸면 된다. Does도 Did로 바꾸면 된다.
과거의 일에 대하여 물어볼 경우 문장 뒤에는 '과거의 언제'인지를 나타내는 표현(과거시점 표현)과 함께 쓰는 경우가 많다.

Did + S(주어) **+ V**(동사) ~ **?**
일반동사

Do you swim every day?
너는 매일 수영**하**니?

▼

Did you swim yesterday?
너는 어제 수영**했**니?

- ☑ **Did** you work yesterday?   너는 어제 일을 **했니?**
- ☑ **Did** you watch the concert yesterday?   너는 어제 콘서트를 **봤니?**
- ☑ **Did** you climb the mountain yesterday?   너는 어제 산을 **올랐니?**
- ☑ **Did** you swim at the swimming pool yesterday?   너는 어제 수영장에서 **수영했니?**
- ☑ **Did** you write an essay yesterday?   너는 어제 에세이를 **썼니?**

영순법 다지기 11-2

문장 앞에 'Did' 를 붙이면 과거에 일에 대해 물어보는 과거형 의문문이 만들어진다. 뒤는 '주어+동사' 기본 어순을 쓰면 된다. 이 때 did는 조동사 취급되므로, did 뒤에 위치하는 동사는 항상 동사원형을 써야 함을 잊지 말자.

1	**Did** you finish your homework?	너 숙제 **끝냈니?**
2	**Did** Seung Won go to the army?	승원이는 군대에 **갔니?**
3	**Did** you go to bed early last night?	너는 어제 밤에 일찍 **잤니?**
4	**Did** you read the book?	너는 책을 **읽었니?**
5	**Did** you go to the concert?	너는 콘서트에 **갔니?**
6	**Did** you bring your homework?	너는 숙제를 **가져왔니?**
7	**Did** he watch soccer game last night?	그는 어제 밤에 축구경기를 **봤니?**
8	**Did** Jake dance in the classroom?	제이크는 교실에서 춤을 **췄니?**
9	**Did** you just see that?	너 방금 저거 **봤니?**
10	**Did** Daniel tell you his secret?	대니얼이 너에게 그의 비밀을 **말했니?**

📝 English Proverb

Too many cooks spoil the broth.

요리사가 많으면 국을 망친다.

너무 많은 사람들이 한 가지 일을 동시에 함께하면 오히려 일을 그르치게 되는 경우가 많죠? 사공이 많은 배가 산으로 가는 법이죠.

Review Test
공부한 내용을 테스트를 통해 복습해보아요.

A 다음 물음에 답하시오.

① 일반동사의 의문문 기본 형태는? ▶

② 일반동사 과거형의 의문문 기본 형태는? ▶

B 영어단어의 순서를 배열하시오.

③ they / teddy / bears / like / do / ?
그들은 테디베어를 좋아합니까?

④ English / you / do / speak / ?
당신은 영어를 할 줄 압니까?

⑤ he / every day / go / to / does / school / ?
그가 매일 학교에 갑니까?

⑥ work / does / hard / she / ?
그녀가 열심히 일합니까?

C 다음을 영작하시오.

⑦ 당신은 어제 운동을 했습니까? ▶

⑧ 그녀가 점심을 먹었습니까? ▶

⑨ 그가 어젯밤에 라디오를 들었습니까? ▶

⑩ 당신은 내게 사진을 보내줬습니까? ▶

Answer

① Do + 주어 + 동사 ~ ?
② Did + 주어 + 동사 ~ ?
③ Do they like teddy bears?
④ Do you speak English?
⑤ Does he go to school every day?
⑥ Does she work hard?
⑦ Did you exercise yesterday?
⑧ Did she eat lunch?
⑨ Did he listen to the radio last night?
⑩ Did you send me the pictures?

12강의 목표
Be동사를 사용한 의문문을 만드는 것에 자신감을 가진다.

12강의 내용
- **영순법 12-1** : Be동사 의문문 만들기
- **영순법 12-2** : Be동사 의문문 과거형 만들기

CHAPTER
12

물어보기 2
(Be동사 + 주어 ~?)

(Be동사 의문문) - Be동사를 써서 물어보기

12강 핵심요약강의

큐알코드를 찍으면
핵심 요약강의를 수강하실 수 있습니다.

12 (Be동사 의문문) – Be동사를 써서 물어보기
물어보기 2 (Be동사 + S(주어) ~ ?)

영순법 12-1
be동사 의문문 만들기

> **영순법 12-1강의 핵심**
>
> 영어의 가장 기본어순은 '주어+동사' 이다.
> 여기서 동사가 Be동사라면 Be동사를 <u>문장의 맨 앞으로</u> 보내자, 그럼 의문문이 만들어진다.
> <u>'주어+be 동사' 이던 어순이 'Be동사+주어' 의 순서로 바뀐다.</u> 어순을 꼭 기억하자!

Be동사 + S (주어) ..?
주어는 ~하니?

He is rich.
그는 부유하다.

▼

Is he rich?
그는 부유하니?

- ☑ **Is** he smart? 　　그는 똑똑하니?
- ☑ **Is** he loud?　　　그는 시끄럽니?
- ☑ **Is** he outgoing?　그는 외향적이니?
- ☑ **Is** he talkative?　그는 수다스럽니?
- ☑ **Is** he sleepy?　　그는 졸리니?

영순법 다지기 12-1

주어에 상황에 따라 앞으로 나가는 **be 동사가 is 혹은 are 일 수 있다.**
주어에 유의해서 is 와 are 중 적절한 걸 바르게 써보자.

1	**Are** you happy?	너는 행복하니?
2	**Is** Jeff handsome?	제프는 잘 생겼니?
3	**Is** she cute?	그녀는 귀엽니?
4	**Are** they students?	그들은 학생이니?
5	**Is** she pretty?	그녀는 예쁘니?
6	**Are** they responsible?	그들은 책임감이 있니?
7	**Is** he enthusiastic?	그는 열정적이니?
8	**Is** Sally smart?	샐리는 똑똑하니?
9	**Are** you ready?	너는 준비되었니?
10	**Is** it expensive?	그것은 비싸니?

영순법 12-2
Be동사 의문문 과거형 만들기

영순법 12-2강의 핵심

Be 동사가 과거의 형태(was/were)라면 마찬가지로 **Be 동사를 주어 앞으로 보내면 의문문이** 만들어진다.
Be 동사가 쓰인 문장에서는 항상 be 동사를 주어 앞으로 보내어 의문문이 만들어짐을 꼭 기억하자.

Was / Were + S(주어) ?

He was rich.
그는 부유했다.

▼

Was he rich?
그는 부유했었다.

- ☑ **Was** he smart? 그는 똑똑했니?
- ☑ **Was** he loud? 그는 시끄러웠니?
- ☑ **Was** he outgoing? 그는 외향적이었니?
- ☑ **Was** he talkative? 그는 말이 많았니?
- ☑ **Was** he sleepy? 그는 졸려 했니?

영순법 다지기 12-2

Be동사의 과거형 질문을 더 연습해보자. **주어에 따라 was 혹은 were** 가 필요하다.
주어의 상황에 따라 필요한 동사에 주의하자.

1	**Was** he a doctor?	그가 의사였습니까?
2	**Were** you a taxi driver in Seoul?	당신은 서울에서 택시 기사였습니까?
3	**Was** Jeff brave?	Jeff는 용감했었니?
4	**Was** Jane beautiful yesterday?	Jane은 어제 아름다웠니?
5	**Was** he tired?	그는 피곤해했니?
6	**Were** they here yesterday?	그들은 어제 여기에 있었니?
7	**Was** she smart enough?	그녀는 충분히 똑똑했니?
8	**Were** you lonely yesterday?	너는 어제 외로웠니?
9	**Were** they soccer players in 1990s?	그들은 90년대에 축구선수였습니까?
10	**Was** Jack strong enough?	잭은 충분히 힘이 셌습니까?

English Proverb

Variety is the spice of life.

변화는 삶의 양념이다.

다양함이 삶을 더 흥미롭고 즐겁게 만드는 법이죠. 반복적인 일상에서 벗어난 다채로운 경험이 우리의 삶을 풍부하고 다채롭게 만들 수 있습니다.

> **✓ Review Test**   공부한 내용을 테스트를 통해 복습해보아요.

A 다음 물음에 답하시오.

① am, are, is 의 과거형? ▶

② Be동사가 쓰인 문장의 의문문 기본 어순은? ▶

B 영어단어의 순서를 배열하시오.

③ afraid   ghosts   you   are   of   ?
당신은 유령을 두려워합니까?

④ sister   is   your   she   ?
그녀가 당신의 여동생입니까?

⑤ strong   he   is   ?
그는 강합니까?

⑥ your   are   friends   they   ?
그들은 당신의 친구입니까?

C 다음을 영작하시오.

⑦ 제프가 저번 주일에 교회에 있었습니까? ▶

⑧ 그들이 잘생겼었나요? ▶

⑨ 당신은 어젯밤에 그 레스토랑에 있었습니까? ▶

⑩ 그녀가 한국에서 배우였습니까? ▶

Answer

① was, were
② Be동사 + 주어 ~?
③ Are you afraid of ghosts?
④ Is she your sister?
⑤ Is he strong?
⑥ Are they your friends?
⑦ Was Jeff in church last Sunday?
⑧ Were they handsome?
⑨ Were you at the restaurant last night?
⑩ Was she an actress in Korea?

13강의 목표
조동사가 등장하는 문장의 의문문 만드는 법을 마스터 한다.

13강의 내용
- 영순법 13-1 : will 의문문 만들기
- 영순법 13-2 : 자주 쓰이는 조동사 의문문

물어보기 3
(조동사 + S + V ~ ?)
주어 동사

(조동사 의문문) - 조동사를 써서 조금 복잡하게 물어보기

13강 핵심요약강의

큐알코드를 찍으면
핵심 요약강의를 수강하실 수 있습니다.

13 물어보기 3 (조동사 + S + V ~ ?)

(조동사 의문문) - 조동사를 써서 조금 복잡하게 물어보기

주어 동사

영순법 13-1
Will 의문문 만들기

영순법 13-1강의 핵심

문장에서 will이 들어가 미래의 일을 나타낼 때 **'주어+will+동사'** 의 어순이 된다.
이 때 will 을 문장의 **맨 앞으로 보내면**(주어 앞으로 보내면) 의문문이 만들어진다.

어순이 중요하다!!

아래 그림을 잘 보고 어순을 잘 기억하자. (will은 조동사로서 그 뒤에는 반드시 동사원형을 써야한다.)

Will + S(주어) + V(동사) ~ ?

> He will come.
> 그는 올 것이다.

> Will he come?
> 그는 올거니?

- ☑ **Will** he sing? — 그는 노래를 **할거니?**
- ☑ **Will** he clean his room? — 그는 그의 방을 **청소할거니?**
- ☑ **Will** he use his computer? — 그는 그의 컴퓨터를 **쓸거니?**
- ☑ **Will** she do her make-up? — 그녀는 화장을 **할거니?**
- ☑ **Will** she draw a picture? — 그녀는 그림을 **그릴거니?**

영순법 다지기 13-1

다지기를 통해 확실히 내 것으로 만들자!

좀 더 연습해보자. 조동사 will이 들어간 의문문은 **will이 주어 앞으로** 와야 한다. 그래야 의문문이 만들어진다.

1	Will you marry him?	너는 그와 결혼**할 거니**?
2	Will he succeed in the future?	그는 미래에 **성공할 거니**?
3	Will he be famous in the future?	그는 미래에 **유명해질 거니**?
4	Will you be there?	너 거기에 **있을 거니**?
5	Will you go to the store?	너는 그 가게에 **갈 거니**?
6	Will he read your essay?	너는 너의 에세이를 **읽어볼 거니**?
7	Will she go to your house?	그녀는 너의 집으로 **갈 거니**?
8	Will your brother live in Seoul soon?	너의 남동생은 곧 서울에 **살 거니**?
9	Will you cook dinner for me?	너는 오늘 나를 위해 저녁을 **만들 거니**?
10	Will she be famous in the future?	그녀는 미래에 **유명해질 거니**?

영순법 13-2
자주 쓰이는 조동사 의문문

영순법 13-2강의 핵심

기본적으로 조동사가 쓰인 문장의 의문문 만드는 방법은 동일하다. 주어와 동사 사이에 있던 조동사를 문장의 앞으로 옮기면 의문문이 만들어진다.

Can
May
Should   + S (주어) + V (동사) ~ ?
Could

• Can : ~할 수 있다.

- ☑ **Can** you do me a favor?   나 좀 도와줄 수 있니?
- ☑ **Can** she be here in an hour?   그녀는 1시간안에 여기 올 수 있니?
- ☑ **Can** he buy a car tomorrow?   그는 내일 차를 살 수 있니?
- ☑ **Can** Mike run fast?   마이크는 빨리 달릴 수 있니?

• May : (공손한 허락을 구할 때) ~해도 되나요?

- ☑ **May** I help you?   도와 드릴까요?
- ☑ **May** I go to restroom?   화장실에 가도 되겠습니까?
- ☑ **May** I have your attention?   당신의 집중을 제가 가져도 될까요?(집중해 주시겠습니까?)
- ☑ **May** I use your computer?   내가 당신 컴퓨터 좀 써도 되겠습니까?

• Should : (의무) ~해야 한다.

- ☑ **Should** I finish my homework?   나 숙제 꼭 마쳐야 해?
- ☑ **Should** we do something?   우리 뭐라도 해야 하지 않아?
- ☑ **Should** we buy a new car?   우리 새로운 차를 사야 하지 않을까?
- ☑ **Should** I call her today?   오늘 그녀에게 전화를 해야 할까?

• Could : 공손히 부탁할 때

- ☑ **Could** you close the door for me?   날 위해 문 좀 닫아 주시겠어요?
- ☑ **Could** you stand up?   일어나 주시겠어요?
- ☑ **Could** you tell me the truth?   사실을 말해주시겠어요?
- ☑ **Could** you help me?   절 도와주시겠어요?

다지기를 통해 확실히 내 것으로 만들자!

영순법 다지기 13-2

조동사를 써야 하는 문장이라면 **조동사를 문장 앞**으로 보내자! 그럼 의문문이 만들어진다.

1	**Can** you swim?	너 수영 할 수 있니?
2	**Should** we buy beer?	우리 맥주를 사야 할까?
3	**May** I drive this car?	내가 이 차를 운전해도 되겠습니까?
4	**Could** I ask you a question?	내가 당신에게 질문하나 해도 되겠습니까?
5	**Can** he play Ping Pong well?	그는 탁구를 잘하니?
6	**Can** you jump from the rooftop?	너 지붕에서 점프할 수 있어?
7	**May** I use your phone?	당신의 전화기를 써도 되겠습니까?
8	**Should** I bring my laptop?	내 노트북을 가져가야 합니까?
9	**Should** we study hard from now on?	우리 지금부터 열심히 공부해야 할까요?
10	**Could** you dance for me please?	저를 위해 춤춰 주실 수 있어요?

영순법 더더 연습

영어회화에서 빈도수가 매우 높은 can 을 이용한 의문문에 좀 더 익숙해져 보자. 입밖으로 최대한 여러 번 내 뱉아 보아 확실히 내 것으로 만들자!

1	**Can** you sing?	너 노래 부를 수 있어?
2	**Can** he cook?	그는 요리할 수 있어?
3	**Can** she dance?	그녀는 춤 출 수 있어?
4	**Can** they speak French?	그들은 프랑스어 할 수 있어?
5	**Can** we go now?	우리 지금 갈 수 있어?
6	**Can** you play the piano?	너 피아노 칠 수 있어?
7	**Can** he ride a bike?	그는 자전거 탈 수 있어?
8	**Can** she draw well?	그녀는 잘 그릴 수 있어?
9	**Can** they solve the problem?	그들은 문제 해결할 수 있어?
10	**Can** we meet tomorrow?	우리 내일 만날 수 있어?

Review Test 공부한 내용을 테스트를 통해 복습해보아요.

Ⓐ 다음 물음에 답하시오.

① 영어에서 조동사란? ▶

② 조동사가 있는 의문문의 기본 어순은? ▶

Ⓑ 영어단어의 순서를 배열하시오.

③ I   a   pizza   may   order   ?
제가 피자를 주문해도 되겠습니까?

④ tomorrow   will   you   a   test   take   ?
당신은 내일 시험을 볼 것입니까?

⑤ watch   we   Harry Potter   can   ?
우리가 해리포터를 볼 수 있나요?

⑥ show   could   your   you   me   passport   ?
당신의 여권을 제게 보여주시겠습니까?

Ⓒ 다음을 영작하시오.

⑦ 제가 당신의 전화번호를 물어봐도 되겠습니까? ▶

⑧ 창문을 닫아주실 수 있습니까? ▶

⑨ 그가 샌드위치를 가져올 것인가요? ▶

⑩ 우리 다음주에 학교 교복을 입어야 할까요? ▶

Answer

① 동사를 도와주는 말(동사에 양념을 치는 말)
② 조동사 + 주어 + 동사
③ May I order a pizza?
④ Will you take a test tomorrow?
⑤ Can we watch Harry Potter?
⑥ Could you show me your passport?
⑦ May I ask your phone number?
⑧ Can you close the window?
⑨ Will he bring the sandwiches?
⑩ Should we wear our school uniform next week?

14강의 목표
의문사가 등장하는 의문문의 고수가 된다.

14강의 내용
- 영순법 14-1 : 의문사와 Be동사로 물어보기
- 영순법 14-2 : 의문사와 조동사로 물어보기

의문사로 물어보기 1
(의문사 + be동사/조동사 + 주어 S ~ ?)

(Be동사/조동사) - 의문사가 나타나는 기본 물어보기

14강 핵심요약강의

큐알코드를 찍으면
핵심 요약강의를 수강하실 수 있습니다.

14. 의문사로 물어보기 1
(Be동사 / 조동사) – 의문사가 나타나는 기본 물어보기
(의문사 + be동사/조동사 + S ~ ?)

영순법 14-1
의문사와 be동사로 물어보기

영순법 14-1강의 핵심

의문문에 나오는 의문사(what, how, why 등)는 무조건 문장의 <u>맨 앞</u>으로 나간다!!
의문사의 위치를 잘 기억하자. 의문사는 맨 앞이다!

Are You Jeff?
너는 제프니?

Are you who?
너는 누구니?

Who are you?

- ☑ **Who** is she?   그녀는 누구인가?
- ☑ **Who** is he?   그는 누구인가?
- ☑ **Who** are they?   그들은 누구인가?
- ☑ **Who** is that person?   그 사람은 누구인가?
- ☑ **Who** is the man?   그 남자는 누구인가?

영순법 다지기 14-1

의문사가 있을 때 의문사의 위치는 항상 문장의 맨 앞이다.

1	**Who** is this girl?	이 여자는 누구니?
2	**Who** are these people?	이 사람들은 누구니?
3	**What** is your name?	네 이름이 뭐야?
4	**What** is your hobby?	네 취미가 뭐야?
5	**Why** is she sick?	그녀는 왜 아프니?
6	**Why** is he so famous?	그는 왜 그렇게 유명하니?
7	**When** is his birthday?	그의 생일이 언제니?
8	**When** is their wedding anniversary?	그들의 결혼기념일이 언제니?
9	**Where** is my laptop?	나의 노트북이 어디있니?
10	**Where** are your friends?	너의 친구들이 어디있니?
11	**How** are you?	너는 어떠니?(잘 지내니?)

과거시제를 써서 연습해보자. 과거시제는 be동사의 시제만 바꿔주면 된다.
의문사는 여전히 맨앞!

12	**When was** she sick?	그녀는 언제 아팠니?
13	**When was** your graduation?	너의 졸업이 언제였니?
14	**Who was** that person?	저 사람은 누구였니?
15	**Who were** the children?	그 아이들은 누구였니?
16	**What was** that?	그건 뭐였니?

영순법 14-2
의문사와 조동사로 물어보기

영순법 14-2강의 핵심

의문사와 조동사, 두 가지가 동시에 문장에 등장하는 경우가 있다. 이때도 마찬가지다.
항상 '의문사는 문장의 맨 앞에 쓴다'라는 사실에 주목하자.

Can you do this?
너는 이걸 할 수 있니?

▼

Can you do what?
너는 **무엇**을 할 수 있니?

What can you do?

- ☑ What can you say? 　　너는 무엇을 말할 수 있니?
- ☑ What can you read? 　너는 무엇을 읽을 수 있니?
- ☑ What can you buy? 　　너는 무엇을 살 수 있니?
- ☑ What can you play? 　 너는 무엇을 하고 놀 수 있니?
- ☑ What can you sell? 　　너는 무엇을 팔 수 있니?

다지기를 통해 확실히 내 것으로 만들자!
영순법 다지기 14-2

의문문에서 의문사가 쓰일 때 '의문사는 반드시 문장의 맨 앞'에 위치함을 꼭 기억하자!
의문사는 맨 앞! 학생분들은 특히나 이 단순한 사실을 더 잘 기억하자. 이 사실을 기억하는 것 만으로 상당히 많은 영어문법 시험 포인트가 해결된다.

1	**What** will you do in the future?	너 미래에 무엇을 할 것이니?
2	**When** will you receive the award?	너는 언제 상을 받을 것이니?
3	**How** will you do your homework?	너 어떻게 숙제를 할거니?
4	**Where** will you go?	어디로 너는 갈거니?
5	**What** can you get for his birthday?	너는 그의 생일로 뭘 해 줄 거니?
6	**When** can you bring my book?	너는 내 책을 언제 가져올 수 있니?
7	**How** can you forget about the happening?	너는 그 사실을 어떻게 잊을 수 있니?
8	**Where** can you go for our trip?	넌 여행으로 어디를 갈 수 있니?
9	**Where** should I live next year?	내년에 난 어디에 살아야 하지?
10	**What** should I do for her?	그녀를 위해서 난 뭘 해야 하지?

영순법 더더 연습

#01: 의문사 what 을 이용하여 의문문 만드는 연습을 열심히 해보자. What 의 위치에 주목!
의문사 what 은 항상 문장의 맨 앞에 위치한다.

1	**What** are you doing?	무엇을 하고 있어?
2	**What** time is it?	지금 몇 시야?
3	**What** do you want?	무엇을 원해?
4	**What** is your name?	네 이름이 뭐야?
5	**What** is your car?	네 차는 뭐야?
6	**What** is this?	이게 뭐에요?
7	**What** do you mean?	무슨 말이에요?
8	**What** do you like?	무엇을 좋아해?
9	**What** did you say?	네가 뭐라고 했어?
10	**What** is the weather like?	날씨가 어때?

#02: what 과 조동사 can 을 사용한 문장에 자신감을 가져보자!

1	**What can** you cook?	뭐 요리할 수 있어?
2	**What can** they teach you?	그들이 너에게 가르칠 수 있는 게 뭐야?
3	**What can** he fix?	그는 뭘 고칠 수 있어?
4	**What can** she draw?	그녀가 그릴 수 있는 게 뭐야?
5	**What can** we learn?	우리가 배울 수 있는 게 뭐야?
6	**What can** you play?	넌 무얼 연주할 수 있어?
7	**What can** they build?	그들이 무엇을 지을 수 있어?
8	**What can** she sing?	그녀가 노래할 수 있는 게 뭐야?
9	**What can** he design?	그녀는 뭘 디자인할 수 있어?
10	**What can** we achieve?	우린 뭘 이룰 수 있어?
11	**What can** you create?	넌 뭐를 창조할 수 있어?
12	**What can** they discover?	그들이 발견할 수 있는 게 뭐야?
13	**What can** she bake?	그녀가 베이킹할 수 있는 게 뭐야?
14	**What can** he invent?	그가 발명할 수 있는 게 뭐야?
15	**What can** we explore?	우리가 탐험할 수 있는 게 뭐야?

삶의 지혜를 주는
English Proverb

A journey of a thousand miles begins with a single step.

천 리 길도 한 걸음부터.

잊지 마세요! 어떠한 큰 일이나 거대한 목표도 작은 한걸음에서 출발합니다. 중요한 것은 첫 걸음을 떼는 것이며, 그 작은 걸음이 결국 큰 변화를 만들어냅니다.

Review Test
공부한 내용을 테스트를 통해 복습해보아요.

A 다음 물음에 답하시오.

① 의문문에서 의문사는 문장의 어디에 위치하는 게 원칙인가? ▶

② 의문사와 조동사가 나오는 의문문의 기본 어순은? ▶

B 영어단어의 순서를 배열하시오.

③ is the bus station where ?
버스정류장이 어디에 있습니까?

④ is your when birthday ?
당신의 생일은 언제입니까?

⑤ was sick he why ?
그가 왜 아팠습니까?

⑥ arrive when she will ?
그녀가 언제 도착할 것인가요?

C 다음을 영작하시오.

⑦ 그녀는 왜 그렇게 화났습니까? ▶

⑧ 당신은 누구를 그 댄스파티에 데려올 겁니까? ▶

⑨ 제가 언제 당신의 아이를 볼 수 있습니까? ▶

⑩ 제가 새 카메라를 사기 위해서 어디로 가야 하나요? ▶

Answer
① 문장 맨 앞
② 의문사 + 조동사 + 주어 + 동사 … ?
③ Where is the bus station?
④ When is your birthday?
⑤ Why was he sick?
⑥ When will she arrive?
⑦ Why was she so angry?
⑧ Who will you bring to the dance party?
⑨ When can I see your baby?
⑩ Where should I go to buy a new camera?

벌써 거의 절반까지 왔습니다.

힘을 내서 나머지 절반도
JEFF 강사와 함께 열심히 해 나가시길 바랍니다.

영어자신감!

당신도 반드시 가능합니다!

15강의 목표
의문사가 등장하는 의문문 중 조금 까다로운 의문문에 자신감을 가진다!

15강의 내용
- 영순법 15-1 : 의문사와 일반동사로 물어보기
- 영순법 15-2 : 의문사가 주어인 의문문

의문사로 물어보기 2
(의문사 + do + S + V ~ ?)
주어   동사

(일반동사/의문사가 주어 역할) – 이걸 알면 당신은 의문문 정복자!

15강 핵심요약강의

큐알코드를 찍으면
핵심 요약강의를 수강하실 수 있습니다.

(일반동사/의문사가 주어 역할) - 이걸 알면 당신은 의문문 정복자!

15 의문사로 물어보기 2
(의문사 + do + S + V ~ ?)

 영순법 15-1
의문사와 일반동사로 물어보기

 영순법 15-1강의 핵심

일반동사 의문문의 기본은 Do를 문장의 맨 앞으로 보내는 것이다.
그런데 의문사가 존재한다면, do에 앞서서 <u>의문사가 문장의 맨 앞으로 간다</u>!
오랜만에 기억하자! 영어의 핵심은 단어의 순서다!
의문사는 항상 맨 앞으로 간다!!!

You want.
너는 원한다.

Do you want?
너는 원한다.

Do you want money?
너는 원한다.

~~Do you want~~ what?
너는 원한다.

What do you want?
너는 무엇을 원하니?

- ☑ **What** do you need?   무엇이 필요합니까?
- ☑ **What** do you like?   무엇을 좋아합니까?
- ☑ **What** do you hate?   무엇을 싫어합니까?
- ☑ **What** do you do?   무엇을 합니까? (=직업이 무엇입니까?)
- ☑ **What** do you think?   무엇을 생각합니까? (=어떻게 생각해요?)

영순법 다지기 15-1

what은 의문사다. 고로 문장의 맨앞으로 간다! 의문사는 맨 앞!!

1	**What** do you like?	너는 무엇을 좋아하니?
2	**What** did you buy yesterday?	너가 어제 무엇을 샀니?
3	**What** did she say?	그녀는 무엇을 말했니?
4	**What** does he like?	그는 무엇을 좋아하니?

조금 더 다양한 의문사로 연습을 해보자.
명심하자! 의문사는 항상 맨 앞으로 간다!

5	**Who(m)** did you meet yesterday?	너는 어제 누구를 만났니?
6	**How** did you pass the exam?	너는 어떻게 그 시험을 통과했니?
7	**Where** did you meet her?	너는 어디에서 그녀를 만났니?
8	**When** did she say that?	그녀가 언제 그것을 말했니?
9	**Why** did you go home?	너는 왜 어제 집에 갔니?
10	**How** do you feel?	너는 어떻게 느끼니? (=기분이 어때?)
11	**How** are you?	너는 어떠니?(잘 지내니?)

영순법 15-2
의문사가 주어인 의문문

영순법 15-2강의 핵심

의문사가 문장의 주어 역할을 할 때가 있다.
이 때는 '의문사+동사', 즉 '의문사 뒤에 바로 동사를 쓰면 의문문이 완성'된다.
영어의 핵심은 **단어순서감각!!!**
의문사가 주어일 때는 '의문사+동사~?' 어순이 기억이 나야 한다.
이 부분은 각종 시험에서도 아주 많이 등장하는 중요한 어순이다. 꼭 내 것으로 만들자!

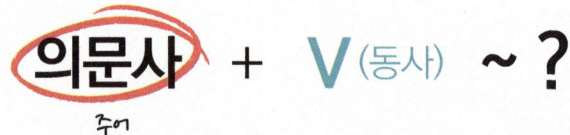

| He came. | The accident happened. |
| 그가 왔다. | 그 사고가 일어났다. |

▼ ▼

| Did he come? | Did the accident happen? |
| 그가 왔니? | 그 사고가 일어났니? |

▼ ▼

| **Who** came? | **What** happened? |
| **누가** 왔니? | **무슨** 일이 일어났니? |

 Who called me?   누가 날 불렀지?
 Who lives here?   누가 여기 살지?
 What just happened?   방금 무슨 일이 일어났니?
 What caused this problem?   무엇이 이 문제를 일으켰니?

영순법 다지기 15-2

의문문이 문장에 주어가 되는 것을 유의하며 연습해보자.
다시 한번 강조한다. 의문사가 주어인 경우는 의문사 뒤에 바로 동사를 쓴다!

1	**Who** e-mailed you?	누가 이메일을 보냈니?
2	**Who** took you to school?	누가 너를 학교에 데려다 줬니?
3	**Who** spoke Korean?	누가 한국말을 했니?
4	**Who** lives there?	거기에 누가 살고 있니?
5	**Which** is better?	어느 것이 더 나아?
6	**What** is the matter?	무엇이 문제야?
7	**What** is wrong?	무엇이 잘못 됐니?
8	**What** took you so long?	무엇이 널 오래 걸리게 만들었니?
9	**Which** is worse?	어느 것이 더 안 좋니?
10	**What** brought you here?	무엇이 너를 여기로 데려왔니? (=여기 왜 왔니?)

영순법 더더 연습

의문사가 문장의 주어 자격이 되는 의문문은 상당히 중요하고 반드시 익숙해져야 하는 영어 문장이다. 의문사가 주어가 되는 아래 문장들을 여러 번 읽고 써 보아 완전히 내 것으로 만들자!

1	**What** happened?	어떻게 된 거지?
2	**What** exists?	뭐가 있지?
3	**What** is important?	뭐가 중요하지?
4	**What** helps?	뭐가 도움이 되니?
5	**What** works?	뭐가 효과가 있을까?
6	**What** matters?	뭐가 중요할까?
7	**What** makes sense?	뭐가 이치에 맞을까?
8	**What** causes problems?	무엇이 문제를 일으키지?
9	**What** interests you?	무엇이 너를 흥미롭게 하는 거지?
10	**What** motivates you?	무엇이 너를 동기부여하지?

Review Test
공부한 내용을 테스트를 통해 복습해보아요.

A 다음 물음에 답하시오.

① 의문사가 주어역할을 할 때의 의문문의 어순은? ▶

② 의문문에서 의문사는 문장의 어디에 위치하는가? ▶

B 영어단어의 순서를 배열하시오.

③ you what did see ?
당신은 무엇을 보았습니까?

④ buy you did that where skirt ?
당신은 어디에서 그 치마를 샀습니까?

⑤ did home how go you ?
당신은 집에 어떻게 갔었습니까?

⑥ vase who my broke ?
누가 내 꽃병을 깼습니까?

C 다음을 영작하시오.

⑦ 왜 어제 그들은 싸웠니? ▶

⑧ 누가 당신을 불렀습니까? ▶

⑨ 그는 어떻게 개포역에 도착했었나요? ▶

⑩ 그녀는 방과 후에 어디로 갑니까? ▶

Answer

① 의문사 + 동사 ~ ?
② 문장 맨 앞
③ What did you see?
④ Where did you buy that skirt?
⑤ How did you go home?
⑥ Who broke my vase?
⑦ Why did they fight yesterday?
⑧ Who called you?
⑨ How did he get to Gaepo station?
⑩ Where does she go after school?

16강의 목표
현재 시제의 정확한 의미를 알고, 진행시제 (be + ~ing)의 쓰임새를 안다.

16강의 내용
- **영순법 16-1** : 현재시제 vs. 현재진행시제
- **영순법 16-2** : 현재진행시제와 과거진행시제

CHAPTER 16

진행시제
(S + be동사 + ~ing)
(주어)

진행시제라는 것의 진정한 의미를 알자!

16강 핵심요약강의

큐알코드를 찍으면
핵심 요약강의를 수강하실 수 있습니다.

진행시제라는 것의 진정한 의미를 알자!

16 진행시제 (S + be동사 + ~ing)

영순법 16-1
현재시제 vs. 현재진행시제

영순법 16-1강의 핵심

현재시제는 현재 지금(now) 벌어지고 있는 일이 아니다!!
과거, 현재, 미래 즉 늘상, 일반적으로 벌어지는 일을 나타낼 때 현재 시제를 쓴다!
(물론 예외도 존재! 허나 지금은 신경쓰지 말 것!)

현재진행시제는 현재 <u>지금(now) 벌어지고 있는 일이다.</u> (현재진행 또한 예외가 존재! 허나 지금은 신경쓰지 말 것!)

\# '현재'라는 문법 용어 때문에 위 사항을 헷갈려 하는 한국인이 많다. 국어적 의미는 뒤로 하고 일단 위 정리대로 잘 기억해둬야 한다.

He drives a bus.
그는 버스 기사이다.(그의 직업을 의미)

그는 과거에도 운전을 하고, 현재에도 운전을 하고, 특별한 일이 없는 한 미래에도 운전을 하는 사람이다.

vs.

He is driving a bus.
그는 지금 버스를 운전하고 있는 중이다.
(그가 지금 하고 있는 행위를 설명.)

I go to church.
나는 교회에 다닌다.

VS.

I am going to church.
나는 교회에 가고 있는 중이다.

I listen to radio every morning.
나는 매일 라디오를 듣는다.

VS.

I am listening to radio right now.
나는 지금 라디오를 듣고 있는 중이다.

아래 문장들을 보고 현재 진행형의 의미를 곱씹어보자.

- ☑ I am eating pasta with my friends.   나는 친구와 파스타를 **먹는 중이다**.
- ☑ He is reading textbooks.   그는 교과서를 **읽는 중이다**.
- ☑ My brother is playing video games.   내 동생은 게임을 **하는 중이다**.
- ☑ They are watching movies.   그들은 영화를 **보는 중이다**.
- ☑ She is listening to classic music.   그녀는 고전음악을 **듣는 중이다**.

영순법 다지기 16-1

다지기를 통해 확실히 내 것으로 만들자!

현재시제가 지금 일어나는 일이 아닌 것에 유의하자. (우리말 '현재' 라는 단어에 너무 신경쓰지 말 것!)
현재시제는 과거, 현재, 미래 일반적으로 '늘상' 벌어지는 일을 나타낼 때 쓰는 시제이다.
(거듭 말하지만, 이것은 가장 일반적인 현재시제의 쓰임일 뿐 예외가 많다. 그 예외들은 차후에 다루도록 한다.)

다음 문장들을 통해 현재 시제의 의미를 곱씹어보자.

1	I **get up** at 6 a.m. every day.	나는 매일 6시에 일어난다.
2	The earth **goes around** the sun.	지구는 태양 주위를 돈다.
3	I **eat** pasta every day.	나는 매일 파스타를 먹는다.
4	He **reads** textbooks every night.	그는 교과서를 매일밤 읽는다.
5	My brother **plays** video games.	내 동생은 게임을 한다.
6	They **watch** movies every day.	그들은 매일 영화를 본다.
7	She **listens to** classic music.	그녀는 고전음악을 듣는다.
8	I **play** basketball in the morning.	나는 아침에 농구를 한다.
9	She **goes to** bed early.	그녀는 일찍 잔다.
10	Ben **writes** a diary every night.	벤은 매일밤 일기를 쓴다.

삶의 지혜를 주는 English Proverb

Beauty is in the eye of the beholder.

아름다움은 보는 사람의 눈에 달려 있다.

어떤 것이 아름답다고 느끼는 것은 사람마다 다를 수 있으며, 객관적인 기준보다는 개인의 취향과 관점에 따라 다르게 평가되기 마련이죠.

영순법 16-2
현재진행시제와 과거진행시제

영순법 16-2강의 핵심

현재진행 시제는 현재 벌어지고 있는 일,
과거진행 시제는 과거의 특정시점에서 벌어지고 있는 일을 나타낸다.

Be동사 뒤에 ~ing 표현이 보인다면 '~하고 있는 중' 이라는 뜻을 만들어 낸다고 보면 된다.

조금 어색하더라도 Be 동사 다음에 ~ing 표현이 나오면 '~하고 있는 중' 이라는 뜻을 우선 떠올리자.

(이 또한 예외적 상황이 존재한다. 그것들 또한 차후 다루도록 한다.)

be동사 + ~ing
~하고 있는 중

I drive a car.
나는 운전한다.

I am driving a car.
나는 운전하는 **중이다**.

I was driving a car.
나는 운전하고 있던 **중이었다**.

- ☑ I **am** listen**ing** to music.   나는 음악을 듣는 중이다.
- ☑ I **was** listen**ing** to music.   나는 음악을 듣는 중이**었**다.
- ☑ I **am** do**ing** my homework.   나는 숙제를 하는 중이다.
- ☑ I **was** do**ing** my homework.   나는 숙제를 하던 중이**었**다.
- ☑ She **is** look**ing** for her cell phone.   그녀는 그녀의 폰을 찾고 있는 중이다.
- ☑ She **was** look**ing** for her cell phone.   그녀는 그녀의 폰을 찾고 있던 중이**었**다.

영순법 다지기 16-2

다지기를 통해 확실히 내 것으로 만들자!

다양한 현재 진행시제와 과거 진행시제를 연습해보자.

1	I **am** study**ing** English now.	나는 지금 영어를 공부하는 중이다.
2	He **is** read**ing** Harry Potter.	그는 해리포터를 읽고 있는 중이다.
3	She **is** driv**ing** a nice car.	그녀는 멋진 차를 운전하는 중이다.
4	My boy **is** jump**ing** on the bed.	내 아이는 침대 위에서 뛰고 있는 중이다.
5	I **am** do**ing** my work.	나는 내 일을 하는 중이다.
6	He **was** deliver**ing** a pizza.	그는 피자를 배달하는 중이었다.
7	Ethan **was** study**ing** a math.	이든은 수학을 공부하고 있는 중이었다.
8	Joe **was** look**ing** for his son.	조는 그의 아들을 찾고 있는 중이었다.
9	I **was** tak**ing** a shower.	나는 샤워를 하는 있는 중이었다.
10	Jeff **was** eat**ing** chicken.	제프는 치킨을 먹고 있는 중이었다.

영순법 더더 연습

현재 진행 시제에 대해서 좀 더 친숙해지자! 해석을 할 때는 '~하고 있는 중이다' 라는 식으로 하자!
is, are 을 was, were 로 바꾸면 과거 진행 시제가 됨을 기억하자.

1	She **is** eat**ing** lunch.	그녀는 점심을 먹고 있는 중이다.
2	They **are** play**ing** soccer.	그들은 축구를 하고 있는 중이다.
3	He **is** writ**ing** a letter.	그는 편지를 쓰고 있는 중이다.
4	You **are** watch**ing** a movie.	너는 영화를 보고 있는 중이다.
5	It **is** rain**ing** outside.	밖은 비가 내리고 있는 중이다.
6	We **are** study**ing** English.	우리는 영어를 공부하고 있는 중이다.
7	The cat **is** sleep**ing**.	고양이는 자고 있는 중이다.
8	He **is** runn**ing** in the park.	그는 공원에서 달리고 있는 중이다.
9	You **are** listen**ing** to music.	너는 음악을 듣고 있는 중이다.
10	She **is** talk**ing** on the phone.	그녀는 전화로 얘기하고 있는 중이다.

> **Review Test** 공부한 내용을 테스트를 통해 복습해보아요.

A 다음 물음에 답하시오.

① 현재 시제는 '언제 벌어지는 일이 아님'에 유의해야 하는가? ▶

② '현재 진행 시제'는 언제 벌어지는 일인가? ▶

B 영어단어의 순서를 배열하시오.

③ on   is   the   phone   talking   she
그녀는 지금 통화 중이다.

④ is   he   sleeping   the   floor   on
그는 지금 바닥에서 자고 있는 중이다.

⑤ rises   the   from   sun   East   the
해는 동쪽에서 뜬다.

⑥ truth   She   tells   the   always
그 여자는 항상 진실을 말한다.

C 다음을 영작하시오.

⑦ 그는 지금 뉴욕에 있는 그의 친구를 방문하려고 계획 중이다. ▶

⑧ 우리는 함께 카드게임을 하고 있는 중이다. ▶

⑨ 그녀는 그녀의 역사시간에 공상에 잠긴다. ▶

⑩ 나는 그 회사를 위해서 일을 한다. ▶

Answer

① 현재 (지금)
② 현재 (지금)
③ She is talking on the phone.
④ He is sleeping on the floor.
⑤ The sun rises from the East.
⑥ She always tells the truth.
⑦ He is planning to visit his friend in New York.
⑧ We are playing cards together.
⑨ She daydreams in her history class.
⑩ I work for the company.

요즘 인공지능 기능을 탑재한 번역 혹은 통역 프로그램이 많이 있습니다.
기술의 비약적인 발전 덕분에 외국어를 이제 공부하지 않아도 되고,
세상의 언어 장벽이 무너질 거라고 합니다.
네.. 맞습니다. 인간이 만들어낸 멋진 기술로 언젠가 외국어를 굳이 공부하지 않아도 외국인과
의사소통하는 데 불편함이 없는 세상이 올 것이라고 저도 생각합니다.

저는 간단한 인사말 및 기타 제가 필요한 표현만 조금 알 뿐, 일본어를 잘 구사하지 못합니다.
얼마전 일본에 잠시 다녀오게 되었을 때 스마트폰 통역 및 번역 어플을 사용해 보았습니다.
요긴하게 잘 사용한 것은 사실입니다. 참 신기하더군요.
하지만, 신기한 만큼이나 아쉬움도 많이 컸습니다.

사람과 사람이 직접 본인의 입과, 눈과, 몸짓으로 소통하는 것과 '기계' 가 사람 사이에 끼어드는
것에는 분명 큰 차이가 있음을 느꼈습니다.
뜻이 단순히 전달된다고 소통이 되었다고 생각치는 않기 때문입니다.
나와 의사소통하는 내 앞의 그 사람은 저의 말이나 몸짓보다는
오히려 우리 사이의 기계에 더 의존하게 되는 웃지 못할 상황이 벌어지더군요.
물론 통역 번역 어플이 큰 '편리함' 을 주는 것은 사실입니다.
대신에 사람 사이의 '끈끈함' 을 잃는다고나 할까요?
저는 이것이 편리함을 위해 만든 기술이
인간을 어쩌면 슬프게(?) 만드는 하나의 단면이라고 생각합니다.

172p에 계속...

📍 17강의 목표
'현재완료시제'와 '과거시제' 의 차이점을 확실히 안다.

📍 17강의 내용
- 영순법 17 : 과거시제 (-ed) vs. 현재완료 시제 (have + p.p)

CHAPTER
17

현재완료 I
S(주어) + have + p.p. ~ (과거 vs. 현재완료)

현재완료형은 반드시 JEFF 식으로! (과거 vs. 현재완료)

17강 핵심요약강의

큐알코드를 찍으면
핵심 요약강의를 수강하실 수 있습니다.

17 현재완료 1
S + have + p.p. ~ (과거 vs. 현재완료)

현재완료형은 반드시 JEFF 식으로! (과거 Vs. 현재완료)

영순법 17
과거시제 (-ed) vs. 현재완료 시제 (have + p.p)

 영순법 17강의 핵심

구분	공통점	차이점
과거시제 (-ed)	과거에 벌어진 일	현재와 관련 **없음**.
현재완료 시제 (have + p.p)		현재와 관련 **있음**.

과거 시제나 현재완료 시제나 사건의 발생 자체로 보았을 때는 과거의 일이다.
하지만, 과거 시제는 과거의 일로 끝난다.
하지만, 현재완료시제는 그 과거의 일이 현재까지 영향을 미친다는 것이 결정적 차이다.
아래 문장의 차이를 잘 살펴보자.
(*현재완료시제의 이해는 반드시 과거시제와의 비교를 통해 이해해야 한다.)

I lost my key.
나는 과거에 열쇠를 잃어버렸다. + 현재의 열쇠상황 모름.

I have lost my key.
나는 과거에 열쇠를 잃어버렸고 현재도 잃어버린 상황이다.

He lived in Seoul.
그는 서울에 살았었다. + 현재의 상황 모름.

He has lived in Seoul.
그는 과거에 서울에 살았고 지금도 살고 있다.

I forgot it.
나는 그것을 잊어버렸다. + 현재의 상황 모름.

I have forgotten it.
나는 과거에 그것을 잊어버렸고, 그것을 지금도 여전히 잊어버린 상황이다.

- ☑ She **has gone** out. 그녀는 나가 버렸다.
- ☑ Sally **has quit** her job. 샐리는 그녀의 직장을 그만 두었다.
- ☑ Seung-Won **has forgotten** her name. 승원은 그녀의 이름을 잊어버렸다.
- ☑ I **have lost** Jack's phone. 나는 잭의 폰을 잃어 버렸다.

다지기를 통해 확실히 내 것으로 만들자!
영순법 다지기 17

현재완료의 핵심은 '현재와의 관련성'이다.
사건의 발생은 과거의 일이지만, 그 사건의 결과는 현재까지 쭉~욱 영향을 미친다는 것이다. 아래의 예문들을 잘 보자. **모두 현재와의 관련성을 가지는 문장들이다.**

또한 현재완료 시제는 과거에 벌어진 사건이 현재까지 영향을 미치기에 절대 명확한 과거 시점을 나타내는 표현과 함께 쓸 수 없음에 주목해야 한다. 아래 문장들에서 보는 바와 같이 절대 현재완료는 명확한 과거 시점 표현과 어울릴 수 없다. (이 부분은 모든 영어시험에서 영문법시험 단골소재이다. 반드시 기억해야 한다.)

아래의 문장들은 편의상 과거적 해석을 하였지만, 동사가 have(has) p.p. 의 형태로 현재완료 시제이기에 모두 '현재의 상황과 관련이 있다' 라는 사실을 기억해야 한다.

1	I **have lost** my book.	나는 내 책을 잃어버렸다.
2	I **have found** a new car.	나는 새로운 차를 발견했다.
3	Kate **has left** the island.	케이트는 섬을 떠났다.
4	John **has left** his car at the airport.	존은 공항에 차를 두고 왔다.
5	I **have taken** his money.	나는 그의 돈을 가져와버렸다.
6	They **have lived** in America.	그들은 미국에 살았다.
7	We **have known** each other.	우리는 서로 알고 지냈다.
8	She **has gone** forever.	그녀는 영원히 떠났다.

Review Test
공부한 내용을 테스트를 통해 복습해보아요.

A 다음 물음에 답하시오.

① 현재완료의 동사 모양은? ▶

② 현재완료와 과거의 결정적 차이는? ▶

B 다음 문장들의 동사 모양을 바르게 고치시오.

③ It has snowed last night.

④ I have started my new job a month ago.

⑤ She has broken her leg yesterday.

⑥ I have seen her five years ago.

⑦ He has finished cleaning his room the day before yesterday.

Answer

① have + p.p
② 현재와의 연관성
③ It snowed last night.
④ I started my new job a month ago.
⑤ She broke her leg yesterday.
⑥ I saw her five years ago.
⑦ He finished cleaning his room the day before yesterday.

18강의 목표

'(지금까지 몇번) ~한 적이 있다 / 방금 막 ~했다' 를 나타내는 표현을 현재완료시제를 써서 구사할 줄 안다.

18강의 내용

- 영순법 18-1 : ~한 적이 있다
- 영순법 18-2 : 방금 막 ~했다

CHAPTER 18

현재완료 2

주어
S + have + p.p. ~
(~한 적이 있다 / 방금 막 ~했다)

현재완료형은 무슨 일이 있어도 JEFF 식으로! (다양한 쓰임)

18강 핵심요약강의

큐알코드를 찍으면
핵심 요약강의를 수강하실 수 있습니다.

현재완료형은 무슨 일이 있어도 JEFF 식으로! (다양한 쓰임)

현재완료 2
S + have + p.p. ~ (~한 적이 있다 / 방금 막 ~했다)

영순법 18-1
~한 적이 있다

> **영순법 18-1강의 핵심**
>
> have 다음에 p.p.(동사의 과거분사형)가 온다면 have 는 절대 '가지다' 라는 뜻이 아니다. have 동사는 과거분사형태와 결합하여 '현재완료시제'라는 독특한 영어문장을 만들어냄을 잘 기억하자.
> **먼저 과거부터 현재까지 쭈~욱 보았을 때 '~한 적이 있다' 라는 뜻을 만들어내는** 현재완료에 대해서 살펴보자.
>
> | 구 분 | 공통점 | 차이점 |
> |---|---|---|
> | 과거시제 (-ed) | 과거에 벌어진 일 | 현재와 관련 **없음**. |
> | 현재완료 시제 (have + p.p) | | 현재와 관련 **있음**. |

I visited America last year.
나는 작년에 미국을 방문했었다.

I have visited America three times.
나는 미국을 세 번 방문한 적이 있다.

아래 예문들과 같이 **have p.p.가 몇 번을 뜻하는 '횟수'를 나타내는 표현과 잘 어울림**을 기억하자.

- ☑ She **has visited** Europe **twice**.   그녀는 유럽을 두 번 **방문한 적이 있다**.
- ☑ He **has visited** Korea **three times**.   그는 한국을 세 번 **방문한 적이 있다**.
- ☑ They **have visited** their hometown **ten times**.   그들은 고향에 열 번 **방문한 적이 있다**.
- ☑ My cousin **has visited** my home **five times**.   사촌은 내 집에 다섯 번 **방문한 적이 있다**.
- ☑ She **has visited** her school **seven times**.   그녀는 학교를 일곱 번 **방문한 적이 있다**.

영순법 다시기 18-1

다지기를 통해 확실히 내 것으로 만들자!

현재완료 시제는 특정 표현들과 잘 어울림을 꼭 기억하자.

'~한적이 있다' 라는 현재완료시제는 경험적 사실을 나타내므로 **횟수나 기간**이 들어간 표현과 호응이 잘 됨을 기억하자. 그 표현들에 유의해서 잘 살펴보자. (의문문인 경우는 have 가 문장의 처음으로 나간다! 현재완료시제를 만드는 have 는 조동사 취급한다.)

아래 문장들의 현재완료 표현은 '과거의 어느때부터 지금에 이르기까지의 경험' 을 의미하는 표현들임을 기억하자.

1	I **have met** the president **twice**.	나는 대통령을 두 번 **만난 적이 있다**.
2	I **have watched** the movie **three times**.	나는 그 영화를 세 번 **본 적이 있다**.
3	I **have seen** the movie before.	나는 이 영화를 전에 **본 적이 있다**.
4	I **have visited** the place before.	나는 그 곳에 전에 **방문한 적이 있다**.
5	I **have read** Harry Potter more than **twice**.	나는 해리포터를 **두 번 이상 읽은 경험이 있다**.
6	I **have been** to China many times.	나는 중국에 여러 번 **가 본적이 있다**.
7	**Have** you ever **been** to China?	당신은 여태껏 중국에 **가 본적이 있습니까**?
8	I **have been** to Africa two times.	나는 두 번 아프리카에 **가 본적이 있다**.
9	They **have been** to Vietnam.	그들은 베트남에 **가 본적이 있다**.
10	She **has been** here.	그녀는 여기에 **와 본적이 있다**.

영순법 18-2
방금 막 ~했다

영순법 18-2강의 핵심

'방금 막 ~했다' 라는 뜻을 have p.p. 가 만들어낸다. (이 때 **just** 와 **잘 호응**된다.)
먼 과거가 아닌 현재와 가까운 조금 전 발생한 일이고 그 일이 현재에 영향을 끼치고 있다는 의미로 보면 된다.

I **have** just **finished** my homework.
나는 **방금 막** 나의 숙제를 끝냈다.

- ☑ I **have just finished** my project. — 나는 **막 과제를 끝냈다**.
- ☑ He **has just finished** his assignment. — 그는 **막 숙제를 끝냈다**.
- ☑ She **has just finished** yoga class. — 그녀는 **요가수업을 막 마쳤다**.
- ☑ They **have just finished** breakfast. — 그들은 **아침식사를 막 끝냈다**.
- ☑ We **have just arrived** at the airport. — 우리는 **막 공항에 도착했다**.

영순법 다지기 18-2

'방금 막 ~했다' 라는 뜻을 만들어내는 just 가 들어간 have p.p. 문장을 좀 더 연습해보자.
영어의 핵심은 단어의 순서다! have 다음에 just, 그 다음에 p.p. 형을 쓴다.

have just p.p. 가 보이면 '방금~막 했다' 라는 뜻을 즉시 떠올려야 한다.
복잡한 문법 개념을 떠올리기 보다는 항상 단어순서에 항상 주목하고 그 단어순서가 만들어내는 뜻을 금방 떠올려야 한다. 그래야 영어가 된다.

1	He **has just done** his job.	그는 방금 막 그의 일을 끝냈다.
2	I **have just arrived** at Seoul station.	나는 방금 막 서울역에 도착했다.
3	My car **has just broken** down.	내 차가 방금 막 고장 났다.
4	The boy **has just come** to school.	그 소년은 방금 막 학교에 도착했다.
5	The animal **has just appeared** in front of us.	그 동물은 우리 앞에 막 나타났다.
6	The girl **has just broken** up with her boyfriend.	그녀는 막 남자친구와 헤어졌다.
7	I **have just written** a letter for my teacher.	나는 선생님을 위해 막 편지를 썼다.
8	She **has just come** back from her trip.	그녀는 막 여행에서 돌아왔다.
9	I **have just finished** my work.	나는 막 일을 끝마쳤다.
10	Ben **has just introduced** his wife to John.	벤은 존에게 그녀의 아내를 막 소개했다.

Review Test

공부한 내용을 테스트를 통해 복습해보아요.

A 다음 물음에 답하시오.

① '~한적이 있다'라는 뜻을 만들어내는 동사의 모양은? ▶

② '방금 막 ~했다'라는 뜻을 만들어내는 동사의 모양은? (just를 포함시켜서 쓸 것) ▶

B 영어단어의 순서를 배열하시오.

③ bought / has / computer / he / just / his
그는 방금 막 그의 컴퓨터를 샀습니다.

④ has / arrived / she / at / just / the / station
그녀는 방금 막 그 역에 도착했습니다.

⑤ We / taught / children / in / school / have / three / times
우리는 학교에서 아이들을 가르친 적이 세 번 있습니다.

⑥ I / friends / with / have / to / New York / my / been / for / a / graduation / trip
나는 졸업여행으로 친구들과 뉴욕에 간 적이 있습니다.

C 다음을 영작하시오.

⑦ 그들은 방금 막 해리포터를 읽었습니다. ▶
⑧ 그녀는 그녀의 파트너와 무도회를 간 적이 있습니다. ▶
⑨ 그는 유럽에 네 번 가본적이 있습니다. ▶
⑩ 그는 방금 막 그 보고서를 복사했다. ▶

Answer

① have + p.p
② have just p.p
③ He has just bought his computer.
④ She has just arrived at the station.
⑤ We have taught children in school three times.
⑥ I have been to New York with my friends for a graduation trip.
⑦ They have just read Harry Potter.
⑧ She has been to the prom with her partner.
⑨ He has been to Europe four times.
⑩ He has copied the report.

19강의 목표
'지금까지 계속 ~했다'라는 현재완료 영어표현을 안다.

19강의 내용
- 영순법 19 : 현재 완료 '계속'의 용법

CHAPTER
19

현재완료 3

주어
S + have + p.p. ~
(지금까지 계속 ~했다)

현재완료형은 무조건 JEFF 식으로! (좀 더 다양한 쓰임)

19강 핵심요약강의

큐알코드를 찍으면
핵심 요약강의를 수강하실 수 있습니다.

현재완료형은 무조건 JEFF 식으로! (좀 더 다양한 쓰임)

19 현재완료 3
S + have + p.p. ~ (지금까지 계속 ~했다)

 영순법 19
현재완료 '계속'의 용법

 영순법 19강의 핵심

문장에서 have p.p. 표현이 보이고, for 혹은 since 표현이 보이면
'(계속) ~ 해 왔다' 라는 표현이 만들어짐을 알자.
거듭 강조하지만 **현재완료 표현은 특정 단어 표현과 잘 호응됨을 꼭 기억하자!**
이 파트에서는 for(~동안), since(~이래로) 가 현재완료와 친한 단어들이다. 현재완료와 너무나 잘 어울리는 단어이다. 꼭 기억해야 한다.

언제인지는 모르나 과거의 사건임을 의미

I waited here for three hours.
나는 여기서 세시간동안 **기다렸다**.

I have waited here for five hours.
나는 여기서 다섯 시간동안 지금까지 **기다렸다**.

현재와의 연관성을 가지므로 '지금으로부터 다섯 시간 전부터 지금에 이르기까지 기다렸다'는 사실을 알 수 있음.

have + p.p. 가 '지금까지 ~해왔다' 라는 '계속' 의 표현에 유의하면서 연습해보자.
뒤에 나오는 'for(~동안)' 단어와 잘 호응됨을 꼭 기억하자!

- ☑ He **has waited** here **for** three hours. 그는 여기서 세 시간 동안 기다렸다.
- ☑ She **has waited** there **for** four hours. 그녀는 거기서 네 시간 동안 기다렸다.
- ☑ They **have waited** here **for** two hours. 그들은 여기서 두 시간 동안 기다렸다.
- ☑ I **have waited** here **for** ten hours. 나는 여기서 열 시간 동안 기다렸다.

영순법 다지기 19

좀 더 다양한 문장들로 적응력을 키우자. 문장에서 단어가 평면적으로 모두 똑같은 자격으로 보이면 안된다. JEFF 가 그토록 강조하는 have p.p. 가 도드라지게 보여야 한다. **have p.p. 가 도드라지게 보였는가?** 그럼 뒤에 잘 나오는 for 나 since 도 덩달아 잘 보여야 한다.

<u>for, since 와 의미가 호응되어,
have p.p. 의 해석이 '(과거의 언젠가부터 지금에 이르기까지) 계속~해 왔다' 라는 뜻으로 된다.</u>

1	He **has lived** in Gangnam **for** three years.	그는 지금까지 3년 동안 강남에서 살고 있다.
2	She **has driven** a taxi **for** seven months.	그녀는 택시를 지금까지 7개월 동안 운전하고 있다.
3	I **have worked** at the company **for** three years.	나는 회사에서 지금까지 3년 동안 일해왔다.
4	They **have studied** at the class **for** two years.	그들은 그 수업에서 2년 동안 공부해왔다.
5	The professor **has taught** the class **for** ten years.	교수는 그 수업을 10년 동안 가르쳐왔다.
6	He **has exercised** at the gym **since** last year.	그는 작년부터 지금까지 헬스장에서 운동해왔다.
7	She **has done** her hair at the hair salon **for** five years.	그녀는 미용실에서 지금까지 5년 동안 머리관리를 받아왔다.
8	Kate **has performed** at the concert hall **for** ten years.	케이트는 콘서트장에서 지금까지 10년 동안 공연해왔다.
9	I **have used** this computer **since** last month.	나는 저번달부터 지금까지 이 컴퓨터를 써왔다.
10	He **has written** the book **since** last year.	그는 작년부터 지금까지 책을 써왔다.
11	My brother **has played** the video game **since** this month.	내 동생은 이번달부터 지금까지 게임을 해왔다.

⚠️ Watch Out — 다음 내용에 유의하자!

영어 문장에서는 'have been ~ing' 모양의 동사형태도 많이 보인다. 소위 '현재완료진행'이라는 표현인데, 문법용어보다는 **'과거부터 지금까지 계속 ~ 해오고 있는 중이었다.'** 라는 해석법에 초점을 맞추어 기억하자.

'have+p.p.' 또한 비슷한 의미로 해석되지만, 'have+been+~ing' 를 쓰면 좀 더 현재의 '결과'가 아닌 '행위 자체'에 초점을 맞춘 뉘앙스를 풍기게 된다.

하지만, have+p.p. 을 쓰던 have+been+~ing 을 쓰던 차이가 크지 않은 경우도 많고 비슷한 의미를 풍기는 경우도 많다. 무 자르듯이 딱 잘라서 구분 짓기는 어렵다는 점을 기억하자! 중요한 것은 둘 다 현재완료로서 **현재와의 연관성**을 가진다는 점이다.

have been ~ing (~해오고 있는 중이다)
→ 과거부터 지금까지 계속 되어진 **행동 혹은 사건**

> It **has been** rain**ing**.
> He **has been** watch**ing** TV.
> I **have been** study**ing** English for five hours.

위 문장들은 모두 주어가 하고 있는 '행위' 에 좀 더 포커스를 맞추어 표현한 문장들이다. 물론 현재와의 관련성이 있기에 그 행위의 결과 또한 현재에 남게 된다.

- ✅ It **has been** rain**ing** all day.
- ✅ I **have been** study**ing** in the library.
- ✅ She **has been** wait**ing** for you for 5 hours.

하루 종일 비가 내리는 중이다.
나는 도서관에서 공부하던 중이었다.
그녀는 당신을 5시간 동안 기다리는 중이었다.

기억하자. 위 문장에서처럼 'have been ~ing' 를 쓰면 '현재까지 벌어지고 있었던 행위에 초점' 이 맞춰진다.

❗ 여기서 잠깐!

동사의 모양에 대한 이야기를 STEP 1 에서 많이 해 왔다. 영어는 그 만큼 동사중심의 언어이고 동사의 형태가 매우 중요하다.
동사의 모양에 포커스를 맞추어 아래 세 문장의 의미 차이가 바로 느껴져야 한다.
19강까지 오면서 모두 배운 내용의 문장들이다.

문법적인 완벽한 이해보다는 동사의 모양에 초점을 맞추어 적절한 해석을 빠르게 할 수 있도록 연습하자.

> 현재시제 : I **listen to** the radio every day. (나는 매일 라디오를 듣는다.)

> 현재진행시제 : I **am listening to** the radio now. (나는 지금 라디오를 듣고 있는 중이다.)

> 현재완료진행시제 : I **have been listening to** the radio **for** three hours.
> (나는 세 시간동안 라디오를 들어오고 있던 중이었다.)

삶의 지혜를 주는
✏️ English Proverb

God helps those who help themselves.

신은 스스로 돕는 자를 돕는다.

늘 적극적으로 최선을 다하고 자신을 돕는 사람에게 더 많은 기회와 지원이 주어지는 법이죠.

 공부한 내용을 테스트를 통해 복습해보아요.

A 다음 물음에 답하시오.

① '과거부터 지금까지 계속 ~해 오고 있다'라는 뜻을 만드는 기본적인 동사모양은? ▶

② '과거부터 지금까지 계속 ~해 오고 있는 중이었다 (행위에 좀 더 초점)'라는 뜻을 만드는 동사모양은? ▶

B 영어단어의 순서를 배열하시오.

③ days / it / been / three / snowing / for / has
눈이 3일째 내리고 있습니다.

④ has / pen / used / years / this / for / five / she
그녀는 이 펜을 5년동안 쓰고 있습니다.

⑤ two / Chris / playing / for / soccer / been / hours / has
크리스는 2시간째 축구를 하고 있습니다.

⑥ years / Amy / two / has / a / hairdresser / been / for
에이미는 미용사가 된지 2년이 됐습니다.

C 다음을 영작하시오.

⑦ 우리는 그 빌딩을 30분동안 찾고 있는 중입니다. ▶

⑧ 그들은 12년간 이 곳에서 살고 있습니다. ▶

⑨ 그녀는 8개월째 아이들을 가르치고 있습니다. ▶

⑩ 나는 그의 음악을 내 어린시절부터 즐겨왔습니다. ▶

Answer

① have + p.p.
② have been ~ing
③ It has been snowing for three days.
④ She has used this pen for five years.
⑤ Chris has been playing soccer for two hours.
⑥ Amy has been a hairdresser for two years.
⑦ We have been looking for the building for thirty minutes.
⑧ They have lived here for twelve years.
⑨ She has been teaching children for eight months.
⑩ I have enjoyed his music from my childhood.

20강의 목표
to + V의 기본적 쓰임을 안다.

20강의 내용
- 영순법 20-1 : '~하기를' 뜻으로 쓰이는 to + V
- 영순법 20-2 : '~하는 것'으로 쓰이는 to + V

CHAPTER
20

부정사 기본
동사원형
(to + V)

부정사란 말을 잊고 JEFF 식 영순법으로!

20강 핵심요약강의

큐알코드를 찍으면
핵심 요약강의를 수강하실 수 있습니다.

Watch Out 다음 내용에 유의하자!

마시다 → drink

마시는
마시기를
마시기 위해 ▶ **to drink**
마시는 것은
마실

우리말의 다양한 해석이 영어로
'to+동사원형' 으로 다 가능하다.

동사 앞에 to 를 붙임으로써 동사가 가지고 있는 기본 뜻에 더해져 다양한 뜻이 만들어진다. <u>**'to+동사원형'**</u> 이 나올 때 to 는 참으로 다양한 뜻을 만들어낸다. 다양한 뜻이 나온다고 부담 가질 필요는 없다.

자꾸 많이 접하다 보면 자연스레 어떤 뜻이 만들어지는지 감이 생긴다.

또한 <u>JEFF 강사가 제시하는 단어가 놓여 지는 어순감각에 신경 써 문장을 보다 보면 더욱 선명하게 'to+동사원형' 의 뜻이 금방 떠오른다.</u> 힘내자! 할 수 있다! 아자!

여기서 잠깐!

부디 무슨무슨 용법~~ 어쩌고 저쩌고~~ 하는 그런 구닥거리 문법적인 설명은 일단은 잊기로 합니다. 그런 설명은 좀 더 영어가 잘 된다고 느낄 때, 좀 더 영어를 깊이 알고 싶을 때 알아야 할 개념들입니다.

JEFF 강사도 어쩔 수 없이 부정사라는 말을 쓰지만, 부정사…. 정말 영어초보분들을 부정적으로 만드는 마법의 단어라고 생각합니다. 피치 못할 상황 제외 JEFF 강사는 부정사라는 용어를 쓰지 않고, 모두 'to+동사원형' 이라는 단어의 순서로 지칭함을 원칙으로 합니다.

20 부정사 기본 (to + V) _{동사원형}

부정사란 말을 잊고 JEFF식 영순법으로

영순법 20-1
~하기를 뜻으로 쓰이는 To + V

영순법 20-1강의 핵심

영어의 핵심은 단어의 순서다! '동사 + to + 동사' 어순을 기억하자! '동사 + to + 동사'일 때는 to 가 '~하기를' 이라는 해석을 만들어낸다. (to 다음의 동사는 동사원형을 반드시 써야 한다.)

S(주어) + V(동사) + **to** + V(동사원형)
~하기를

I want a doll.
나는 인형을 원한다.

I want to sleep.
나는 잠자기를 원한다.

'영어의 핵심은 단어 순서! JEFF 가 강조하는 단어의 순서에 집중하자! 그래야 영어가 된다. 아래 문장들은 모두 문장에서 '동사 + to + 동사' 의 어순이 보이는 문장들이다.

- ☑ I want **to sing**. — 나는 **노래하기를** 원한다.
- ☑ I want **to exercise**. — 나는 **운동하기를** 원한다.
- ☑ I want **to yell**. — 나는 **소리지르기를** 원한다.
- ☑ I want **to hide**. — 나는 **숨기를** 원한다.
- ☑ I want **to sleep**. — 나는 **잠자기를** 원한다.

다지기를 통해 확실히 내 것으로 만들자!

영순법 다지기 20-1

동사 + to + 동사 어순에 유의하여 문장을 좀 더 연습해보자.

1	I need **to study** English now.	나는 지금 영어를 **공부하기를** 필요로 한다.
2	She decided **to marry** him.	그녀는 그와 **결혼하기를** 결심했다.
3	Jeff wanted **to teach** you last night.	제프는 어제 밤에 너를 **가르치기를** 원했다.
4	They agreed **to have** dinner with you.	그들은 당신과 함께 저녁을 **먹기를** 동의했다.
5	I want **to make** a big deal with you.	나는 너와 큰 약속을 **하기를** 원한다.
6	He hopes **to use** his skill.	그는 그의 능력을 **사용하기를** 희망한다.
7	She likes **to play** the piano.	그녀는 피아노를 **연주하기를** 좋아한다.
8	They desire **to have** a vacation.	그들은 휴가를 **얻기를** 열망한다.
9	The student tries **to study** English.	학생들은 영어를 **공부하기를** 노력한다.
10	I expect **to have** a perfect score.	나는 완벽한 점수를 **얻기를** 기대한다.

영순법 20-2
~하는 것으로 쓰이는 To + V

영순법 20-2강의 핵심

'to + 동사원형' 이 '**~하는 것**' 이라는 뜻이 될 때가 있음을 알아야 한다.
이 상황에서 보통 be 동사가 보인다. 아래를 보고 해석하는 법을 잘 기억하자.

☑ **To see is to believe.** 보는 것은 믿는 것이다. = 백문이 불여일견이다.

중요한 것은 문법적인 용어가 아니라 '해석법' 임을 꼭 기억하고 'to+동사원형'의 위치에 유의하며 적절한 해석법을 빨리 떠올리도록 한다.

① 주어로 쓰일 때 (be 동사 앞에 있을 때)

English is easy.
영어는 쉽다.

To swim is easy.
수영하는 것은 쉽다.

- ☑ **To study** English is easy.   영어를 **공부하는 것**은 쉽다.
- ☑ **To work** with him is easy.   그와 **일하는 것**은 쉽다.
- ☑ **To write** an essay is easy.   에세이를 **쓰는 것**은 쉽다.

② 보어로 쓰일 때(be 동사 뒤에 있을 때)

My plan is simple.
내 계획은 단순하다.

My plan is to travel abroad.
내 계획은 해외로 **여행하는 것**이다.

- ☑ My plan is **to succeed.**   내 계획은 **성공하는 것**이다.
- ☑ My plan is **to be** a doctor.   내 계획은 의사가 **되는 것**이다.
- ☑ My plan is **to graduate** from a college.   내 계획은 대학을 **졸업하는 것**이다.

영순법 다지기 20-2

다지기를 통해 확실히 내 것으로 만들자!

'to + 동사원형' 이 '~하는 것' 이라는 해석이 됨을 잘 기억하자.
이 때 be 동사 앞에 있으면 보통 '주어'로서의 해석이 된다. 다시 한번 강조한다. 무슨무슨 용법이 아니라 **해석법**을 잘 기억해둬야 한다. 그래야 영어가 된다.

1	**To teach** English is my dream.	**영어를 가르치는 것은** 나의 꿈이다.
2	**To learn** Korean is hard.	**한글을 배우는 것은** 어렵다.
3	**To cook** French food is difficult.	**프랑스요리를 하는 것은** 어렵다.
4	**To study** alone is hard.	**혼자 공부하는 것은** 어렵다.
5	**To drive** a truck is not as easy as you think.	**트럭을 운전하는 것은** 생각보다 쉽지 않다.
6	My dream is **to be** an English teacher.	내 꿈은 영어 선생님이 **되는 것**이다.
7	My plan is **to take some rest** first, then study later.	내 계획은 먼저 좀 쉬고 나서 **공부하는 것**이다.
8	All I need is **to meet** my girlfriend.	내가 필요로 하는 모든 것은 여자친구를 **만나는 것**이다.
9	His wish is **to be** a member of our group.	그의 소망은 우리 그룹의 일원이 **되는 것**이다.
10	Our plan is **to travel** all the countries in the world.	우리의 계획은 전세계 모든 나라를 **여행하는 것**이다.

영순법 더더 연습

가장 기본적인 부정사가 들어간 문장을 맹연습해보자! 문장의 길이를 조금 늘리려 모두 부정문으로 만들어 보았다. 영어에서 매우 중요한 어순인 **'동사 + to + 동사'** 어순을 확실히 내 것으로 만들어보자!

1	I don't **want to wake up** early.	나는 일찍 일어나고 싶지 않아.
2	She doesn't **like to eat** spicy food.	그녀는 매운 음식을 먹고 싶지 않아.
3	We don't **want to travel** abroad next year.	우리는 내년에 해외로 여행하기를 원치 않아.
4	They don't **want to attend** the party.	그들은 파티에 참석하고 싶지 않아.
5	I don't **like to work** on weekends.	나는 주말에 일하는 것을 좋아하지 않아.
6	She doesn't like **to buy** a new car.	그녀는 새 차를 사는 걸 좋아하지 않아.
7	We don't **want to watch** horror movies.	우리는 공포 영화를 보고 싶지 않아.
8	He doesn't **like to study** for long hours.	그는 오랜 시간 동안 공부하는 것을 좋아하지 않아.
9	They don't **plan to visit** the museum this weekend.	그들은 이번 주말에 박물관을 방문하는 계획을 하지 않아.
10	I don't **want to eat** fast food for lunch.	나는 점심으로 패스트푸드를 먹고 싶지 않아.
11	She doesn't **like to wake** up late.	그녀는 늦게 일어나는 것을 좋아하지 않아.
12	We don't **plan to go** on a hiking trip.	우리는 등산 여행을 가는 계획을 하지 않아.
13	They don't **want to learn** a musical instrument.	그들은 악기를 배우고 싶지 않아.

> **Review Test** 공부한 내용을 테스트를 통해 복습해보아요.

A 다음 물음에 답하시오.

① '동사 다음에 to'가 나올 때 그 to의 해석법? ▶

② '보는 것이 믿는 것이다'를 영어로? ▶

B 영어단어의 순서를 배열하시오.

③ wants / Chris / to / a / car / new / buy
크리스는 새 차를 사기를 원한다.

④ We / Daegu / move / to / an / agreed / apartment / to / in
우리는 우리의 아파트를 대구로 옮길 것을 동의했다.

⑤ Europe / Wendy's / over / plan / to / is / travel / vacation
웬디의 방학계획은 유럽을 여행하는 것이다.

⑥ hope / Station / to / I / meet / my / in / Kangnam / friends
나는 내 친구들을 강남역에서 만나기를 바란다.

C 다음을 영작하시오.

⑦ 그녀는 성형수술을 하기로 결심했습니다. ▶

⑧ 그는 나의 새로운 프로젝트에 투자하기로 약속했습니다. ▶

⑨ 그들은 이번 겨울에 일본을 여행하기를 기대합니다. ▶

Answer

① ~하기를
② To see is to believe
③ Chris wants to buy a new car.
④ We agreed to move to an apartment in Daegu.
⑤ Wendy's vacation plan is to travel over Europe.
⑥ I hope to meet my friends in Kangnam Station.
⑦ She decided to have plastic surgery.
⑧ He promised to invest in my new project.
⑨ They expect to travel to Japan this winter.

📍 21강의 목표
~ing(동명사)의 개념을 깨닫고 문장에서의 가장 기본적 쓰임새를 안다.

📍 21강의 내용
- 영순법 21-1 : 주어/보어로 쓰이는 ~ing
- 영순법 21-2 : 목적어로 쓰이는 ~ing

CHAPTER
21

동명사 (~ing)

동명사 개념도 JEFF 식으로 알면 쉽다.

21강 핵심요약강의

큐알코드를 찍으면
핵심 요약강의를 수강하실 수 있습니다.

21. 동명사 (~ing)

동명사 개념도 JEFF 식으로 알면 쉽다.

영순법 21-1
V~ing (주어/보어)

영순법 21-1강의 핵심

'~ing' 의 기본 해석법은 '~하는 것' 이라는 뜻이다.
~ing가 동사 앞에 있을 때 '~하는 것은' 이라는 해석으로 문장의 주어 역할을 한다.
(문장의 주어 역할 일 때 ~ing 는 'to+동사원형' 으로 대체해서 쓸 수 있다.)

English is easy.
영어는 쉽다.

To swim is easy. = Swimming is easy.
수영하는 것은 쉽다.

- ✅ Writ**ing** is easy. 쓰는 것은 쉽다.
- ✅ Swimm**ing** is easy. 수영하는 것은 쉽다.
- ✅ Exercis**ing** is easy. 운동하는 것은 쉽다.
- ✅ Learn**ing** English is easy. 영어를 배우는 것은 쉽다.
- ✅ Cook**ing** is easy. 요리하는 것은 쉽다.

영순법 다지기 21-1

다지기를 통해 확실히 내 것으로 만들자!

~ing 의 기본 해석법은 '~하는 것'이라는 해석이며 동사 앞에 위치할 때 주어의 해석이 됨을 기억하자! **동사 앞의 단어는 기본적으로 문장의 주어다!**

1	**Smoking** is bad for your health.	**담배를 피는 것**은 당신의 건강에 해롭다.
2	**Speaking** in English is not difficult.	영어로 **말하는 것**은 어렵지 않다.
3	**Jogging** in the morning is good.	아침에 **조깅하는 것**은 좋다.
4	**Watching** TV for a long time is bad.	텔레비전을 오랫동안 **보는 것**은 안 좋다.
5	**Seeing** is to believing.	**보는 것**이 믿는 것이다.
6	**Waking** you up is hard.	너를 **깨우는 것**은 힘들다.
7	**Opening** the window is easy to you.	창문을 **여는 것**은 너에게 쉽다.
8	**Singing** a song is fun.	노래를 **부르는 것**은 재밌다.
9	**Swimming** in the sea is very dangerous.	바다에서 **수영하는 것**은 위험하다.
10	**Waiting** for you is boring.	너를 **기다리는 것**은 지겹다.

삶의 지혜를 주는
✏️ English Proverb

No pain, no gain.

고통 없이는 얻는 것도 없다.

어떤 목표를 달성하기 위해서는 일정한 고통이나 어려움이 필연적으로 따릅니다. 고통 없이는 성장할 수 없다는 점을 잊지 말고, 그 과정을 통해 더 강해지고 지혜로워질 수 있음을 기억합시다.

영순법 21-2
V~ing (목적어)

> **영순법 21-2강의 핵심**
>
> 문장의 동사에 따라 목적어 자리에는 'to+동사원형' 혹은 ~ing 표현을 쓸 수 있다. 하지만, 아래에 제시하는 다섯 가지 동사에서는 반드시 ~ing를 동사의 목적어로 사용해야 한다. 일단 이 다섯 가지는 반드시 암기해야 한다. 매우 중요하다!

간략히 want 와 enjoy 를 예로 든다면,

I want to sleep.
나는 **잠자기를** 원한다.

▼

I want ~~sleeping~~.
나는 **잠자는** 것을 원한다.

want 동사는 반드시 뒤에 to+V 형태로 목적어를 취한다.

I enjoy ~~to dance~~.
나는 춤추기를 즐긴다.

▼

I enjoy dancing
나는 **춤추는** 것을 즐긴다.

enjoy 동사는 반드시 뒤에 ~ing 형태로 목적어를 취한다.

아래의 동사들은 목적어를 'to+동사원형'로 쓰이지 않고 ~ing의 동명사 형태로 반드시 써야 한다.

가장 대표적인 다섯개의 동사를 잘 기억하자.
아래 다섯개의 동사는 오직 ~ing(동명사) 만을 목적어로 취한다.

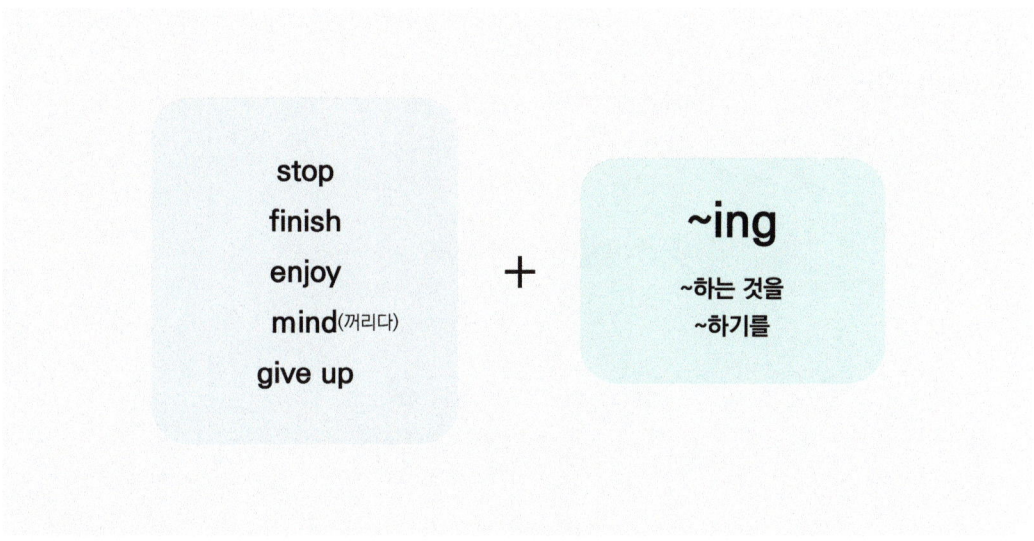

enjoy 동사를 써서 ~ing 를 목적어로 쓰는 연습을 해보자.

- ☑ I **enjoy** writ**ing**.　　　　　나는 쓰는 것을 즐긴다.
- ☑ I **enjoy** read**ing**.　　　　　나는 읽는 것을 즐긴다.
- ☑ I **enjoy** watch**ing** movies.　나는 영화를 보는 것을 즐긴다.
- ☑ I **enjoy** meet**ing** friends.　나는 친구를 만나는 것을 즐긴다.
- ☑ I **enjoy** hik**ing** mountains.　나는 산을 오르는 것을 즐긴다.

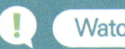 **Watch Out** 다음 내용에 유의하자!

stop + V ~ing
~하는 것을

stop + to + V
~하기 위해

I stopped smok**ing**.
나는 담배 피는 **것을** 멈췄다.

I stopped to smok.
나는 담배 피우기 **위해** 멈췄다.

- ☑ I stopped smok**ing** for my well-being.
  나는 내 건강을 위해 담배 피는 것을 멈췄다.
- ☑ I stopped at the airport **to smoke.**
  나는 공항에서 담배를 피우기 위해 멈췄다.

She **stop**ped drink**ing** coffee.
그녀는 커피를 마시는 **것을** 멈추었다.

She **stop**ped to drink coffee.
그녀는 커피를 마시기 **위해** 멈추었다

- ☑ I stopped drink**ing** coffee for my well-being.
  나는 내 건강을 위해 커피를 마시는 것을 멈췄다.
- ☑ I stopped at coffee shop **to drink** coffee.
  나는 커피가게에서 커피를 마시기 위해 멈췄다.

영순법 더더 연습

동사 뒤에 ~ing 형태를 목적어로 취하는 아래의 영어문장을 완전히 내 것으로 만들어보자! 언어의 기본은 반복! 반드시 소리내어 읽어보아 완전히 내 것으로 만들자!

1	I **stopped eating** junk food.	나는 정크 푸드 먹는 것을 그만뒀어.
2	She **finished writing** her novel.	그녀는 소설 쓰기를 마쳤어.
3	They **enjoy playing** board games.	그들은 보드 게임하기를 즐겨.
4	Do you **mind helping** me with this task?	너는 내가 이 일 하는 걸 돕는 것을 꺼리니?
5	He **gave up watching** television for a month.	그는 한 달 동안 텔레비전 보기를 그만뒀어.
6	We **stopped worrying** about the future.	우리는 미래 걱정하는 걸 그만뒀어.
7	She **finished studying** for her exams.	그녀는 시험 공부를 끝냈어.
8	They **enjoy hiking** in the mountains.	그들은 산에서 하이킹하는 걸 좋아해.
9	Do you **mind closing** the window?	너는 창문 닫는 걸 꺼리니?
10	I **gave up eating** sugary snacks.	나는 단 음식 먹는 걸 그만뒀어.
11	He **stopped talking** and listened carefully.	그는 말을 그만하고 주의 깊게 듣기 시작했어.
12	She **finished cleaning** the entire house.	그녀는 집 전체 청소를 끝냈어.
13	They **enjoy exploring** new places.	그들은 새로운 장소를 탐험하는 걸 즐겨.
14	Do you **mind turning** off the lights?	너는 조명 끄는 걸 꺼리니?
15	We **gave up arguing** about trivial matters.	우리는 사소한 문제에 대해 논쟁하는 것을 그만뒀어.

Review Test
공부한 내용을 테스트를 통해 복습해보아요.

A 다음 물음에 답하시오.

① 동사에 ~ing를 붙이면 기본적인 해석은 어떻게? ▶

② 뒤에 ~ing 형태를 목적어로 가지는 5가지 동사는? ▶

B 영어단어의 순서를 배열하시오.

③ very   for   important   your   exercising   health   is
운동하는 것은 너의 건강을 위해 매우 중요하다.

④ books   wisdom   gives   reading   children   to
책을 읽는 것은 아이들에게 지혜를 준다.

⑤ working   stopped   friend   my   in   Samsung   Co.
내 친구는 삼성회사에서 일하는 것을 그만두었다.

⑥ admitted   my   stealing   he   wallet
그는 내 지갑을 훔쳤다는 것을 인정했다.

C 다음을 영작하시오.

⑦ 불량식품을 먹는 것은 건강에 나쁘다. ▶

⑧ 오랫동안 텔레비전을 보는 것은 눈에 고통을 야기시킨다. ▶

⑨ 베로니카는 케잌과 쿠키를 굽는 것을 즐거워한다. ▶

⑩ 우리는 일기를 쓰는 것을 몇 시간 전에 끝냈다. ▶

Answer

① ~하는 것
② stop, finish, enjoy, mind, give up
③ Exercising is very important for your health.
④ Reading books gives wisdom to children.
⑤ My friend stopped working in Samsung Co.
⑥ He admitted stealing my wallet.
⑦ Eating Junk food is bad for our health.
⑧ Watching TV for a long time causes pain in the eye.
⑨ Veronica enjoys baking cakes and cookies.
⑩ We finished writing a journal a few hours ago.

📍 22강의 목표

영어 문장의 핵심 중의 핵심인 5형식 구조에 대해 눈뜬다!
이 부분의 정복이 영어초보 탈출의 중요한 계기가 된다!

📍 22강의 내용

- **영순법 22** : 5형식 패턴 맹연습!

5형식 1
(S + V + O + to + V)
주어 　 동사 　 목적어 　 　 동사

JEFF의 필살 5형식 개념 익히기! 당신도 드디어 영어에 눈뜬다!

22강 핵심요약강의

큐알코드를 찍으면
핵심 요약강의를 수강하실 수 있습니다.

22. 5형식 1 (S + V + O + to + V)

JEFF의 필살 5형식 개념 익히기! 당신도 드디어 영어에 눈뜬다!

영순법 22
5형식 패턴 맹연습

영순법 22강의 핵심

영어의 가장 기본 어순은 '주어+동사+목적어' 라고 1강에서 배웠다. 여기서 to 를 쓰고 동사를 써서 문장을 확장할 수 있다. **이를 5형식이라 한다.** 아래 예문을 잘 보자.

(*5형식이라는 용어 자체에는 큰 신경을 쓰지 말고 목적어 다음에 영어 단어가 어떤 식으로 배열되는지에 주목하자!)

첫번째 문장처럼 you 에서 끝나면 '나는 너를 원해.' 라는 다소 이상한 표현이 된다. 여기서 to 를 쓰고 그 뒤에 동사(swim)를 하나 더 적으면 you와 swim 사이에 **새로운 '주어 + 서술어' 관계가 성립**한다. 이를 5형식이라 부른다. (목적어가 'to+동사원형' 행위의 주체가 된다.)
아래 문장들을 보고 5형식 해석법을 완전히 내 것으로 만들자!

- ☑ I expect you **to arrive at 7**. 나는 네가 **7시에 도착하기를** 기대한다.
- ☑ I want her **to study English**. 나는 그녀가 **영어를 공부하기를** 원한다.
- ☑ Students expect Jeff **to come to the party**. 학생들은 제프가 **파티에 오기를** 기대한다.
- ☑ My father allowed me **to live alone**. 아버지는 내가 **혼자 살기를** 허락해 주셨다.
- ☑ He wanted her **to buy some fruits**. 그는 그녀가 **과일을 사기를** 원했다.

다지기를 통해 확실히 내 것으로 만들자!
영순법 다지기 22

'주어+동사+목적어'의 기본 문장에서 'to+동사원형'이 추가되었을 때의 해석의 차이에 눈뜨자. 이곳에서 영어초보와 그렇지 않은 사람의 큰 영어감각차이가 벌어지게 된다.

핵심은 앞에 나온 '주어+동사(서술어)' 외 새로운 '주어+서술어' 관계가 뒤에 하나 더 만들어진다는 점이다.

이 어순을 반드시 기억해야 한다. 여기서부터 영어중급자의 길로 들어선다! 열심히 하자! 할 수 있다! 아자!

1. He **encouraged** me **to study English**. 그는 내가 **영어를 공부하도록** 격려했다.
2. She **ordered** me **to go home**. 그녀는 내가 **집에 가도록** 명령했다.
3. He **told** me **to take a shower**. 그는 나에게 **샤워를 하라고** 말했다.
4. I **forced** my son **to study Korean history**. 나는 내 아들이 **한국사를 공부하도록** 강제로 시켰다.
5. He **told** me **to dance with her**. 그는 내가 그녀와 **춤을 추라고** 말했다.
6. Jake **ordered** me **to stay still**. 제이크는 내가 **가만히 있으라고** 명령했다.
7. Kate **wanted** tom **to cook dinner**. 케이트는 톰이 **저녁을 요리하기를** 원했다.
8. My father **allowed** me **to drive**. 내 아버지는 내가 **운전하는 것을** 허락하셨다.
9. Claire **expected** him **to buy wedding ring**. 클레어는 그가 **결혼반지를 사기를** 기대했다.

 **Watch Out**　다음 내용에 유의하자!

목적어 다음에 'to+be'는 생략이 가능하다.
고로 to+be 가 생략되어 형용사만 남는 모양으로 되기도 함을 기억하자.

> I want you to be **happy**.
> I want you **happy**.
>
> 나는 너가 행복하기를 원한다.

> My father kept me to be **safe**.
> My father kept me **safe**.
>
> 나의 아버지는 내가 안전하도록 지켜주셨다.

영순법 더더 연습

소위 말하는 5형식 문형에 자신감을 가져보자. **5형식 문형에서는 문장에서 주술(주어+서술어) 관계가 두 번 보인다고 생각하면 쉽다.**

1	I **want** you **to dance**.	나는 네가 춤추길 원해.
2	She **needs** him **to sing**.	그녀는 그가 노래하는 것이 필요해.
3	They **expect** us **to arrive** early.	그들은 우리가 일찍 도착할 것으로 기대해.
4	He **asked** her **to wait**.	그는 그녀에게 기다리라고 부탁했어.
5	The teacher **told** them **to study** harder.	선생님은 그들에게 더 열심히 공부하라고 말했어.
6	She **encouraged** him **to try** again.	그녀는 그에게 다시 시도하라고 격려했어.
7	I **want** you **to be** honest.	나는 네가 솔직하길 바래.

Review Test
공부한 내용을 테스트를 통해 복습해보아요.

A 다음 물음에 답하시오.

① JEFF가 생각하는 영어에서 가장 중요한 단어는? (t로 시작) ▶

② 5형식의 기본 어순은? ▶

B 영어단어의 순서를 배열하시오.

③ me / to / her / friend / she / wants / like
그녀는 내가 그녀의 친구를 좋아하기를 원한다.

④ Amy / bring / told / to / me / present / a / for / her / birthday / party
에이미는 내가 그녀의 생일파티를 위해 선물을 가져오라고 말했다.

⑤ them / to / quiet / we / requested / be
우리는 그들에게 조용히 해달라고 부탁했다.

⑥ persuaded / Jeff / give / not / to / up / his / students
제프는 그의 학생들에게 포기하지 말아야 한다고 설득했다.

C 다음을 영작하시오.

⑦ 제이슨은 그의 남동생이 프랑스어를 말하는 것을 가르쳤다. ▶

⑧ 나는 나의 모든 친구들에게 COEX에 가라고 재촉했다. ▶

⑨ 우리는 제인에게 그녀의 방을 청소하라고 명령했다. ▶

⑩ 그는 그의 여동생이 콘서트에 가는 것을 허락했다. ▶

Answer

① to
② 주어 + 동사 + 목적어 + to + 동사원형
③ She wants me to like her friend.
④ Amy told me to bring a present for her birthday party.
⑤ We requested them to be quiet.
⑥ Jeff persuaded his students not to give up.
⑦ Jason taught his brother to speak French.
⑧ I urged all of my friends to go to COEX.
⑨ We ordered Jane to clean her room.
⑩ He permitted his sister to go to the concert.

모국어가 아닌 또 다른 언어를 구사한다는 것은

또 다른 인생을 선물 받는 것과 마찬가지란 생각입니다.

영어라는 언어는 분명 쉬운 언어입니다.

하지만, 영어와는 달라도 너무 다른 한국어가 모국어인

우리 한국인이 영어를 잘 구사한다는 것은 생각보다 쉬운 일은 아닙니다.

하지만, 누군가가 했다면 분명 나도 할 수 있습니다.

외국 유학, 외국 생활 경험이 많지 않아도 영어 잘 하시는 분들 너무나 많습니다.

올바른 학습법과 영어에 대한 열정이 있다면 분명 누구나 영어 잘 할 수 있다고 확신합니다.

영어에 자신감을 가지는 그 날까지 모두들 홧팅입니다! ^^

- Jeff 강사 드림.

📍 23강의 목표

대표적 5형식 문장인 사역동사(make, have, let) 문장의 원리를 깨닫는다.
(사역동사 같은 표현은 절대 쓰지 않고 싶지만, 대체할 말이 없어 어쩔 수 없이 사용함을 양해해주세요.)

📍 23강의 내용

- 영순법 23 : 사역동사 5형식 패턴 맹연습

CHAPTER
23

5형식 2
(make / have / let + O + V)
목적어   동사

점점 재미있어지는 5형식 이야기! to를 쓰지 않아야 한다!

23강 핵심요약강의

큐알코드를 찍으면
핵심 요약강의를 수강하실 수 있습니다.

23. 5형식 2 (make / have / let + O + V)

점점 재미있어지는 5형식 이야기! to를 쓰지 않아야 한다!

Watch Out — 다음 내용에 유의하자!

5형식 문형을 만들어 낼 때 목적어 뒤에 'to+동사원형'이 오는 것이 가장 기본적 형태라고 지난 강의에서 배웠다.

하지만, 문장의 동사에 따라 목적어 다음에 오는 to를 반드시 생략하고 목적어 뒤에 동사원형만 와야 하는 경우가 있다.

일단 다음의 예문을 통해 확실히 개념을 익히자. 비슷한 의미이지만 **force 동사는 목적어 뒤에 'to+동사원형'을 쓰지만, make 동사는 to 를 쓰지 않고 바로 '동사원형'을 쓴다.**

I **forced** him **to go home.**
나는 그를 집에 가도록 **강제로 시켰다.**

=

I made him to go home.
I **made** him **go home.**
나는 그를 집에 가게 **만들었다.**

영순법 23
사역동사 5형식 패턴 맹연습

영순법 23강의 핵심

다음 사실을 꼭 기억하자!
'시키다'의 뜻을 지니는 **make / have / let** 의 3개 동사는 **목적어 뒤에 to를 붙이지 않는다**. 그냥 <u>동사원형만 쓴다</u>. 고로 'make(have, let) + 목적어 + 동사원형' 어순을 만들어낸다.

I made Tom.
나는 탐을 시켰다.

↳ 문법적으로는 존재할 수 없는 틀린 표현임.

I made Tom **clean** his room.
나는 탐이 **그의 방을** 치우도록 시켰다.

☑ My mom **made** me **wash my hands.**   엄마는 내가 **손을 씻도록** 시켰다.
☑ I **had** her **help my homework.**   나는 그녀가 **내 숙제를 돕도록** 시켰다.
☑ Jeff **let** me **sing a song.**   제프는 내가 **노래를 하도록** 시켰다.
☑ They **had** me **smoke a cigarette.**   그들은 내가 **담배를 피도록** 시켰다.
☑ Anna **made** me **fix this computer.**   안나는 내가 **이 컴퓨터를 고치도록** 시켰다.

영순법 다지기 23

다지기를 통해 확실히 내 것으로 만들자!

'시키다'(~하도록 만들다) 의 뜻을 지니는 let, make, have 동사로 5형식 문형을 좀 더 연습해보자.

1	She **made** me **clean my room**.	그녀는 내가 방을 청소하도록 시켰다.
2	He **made** my brother **work harder**.	그는 내 동생이 더 열심히 일하도록 시켰다.
3	I **made** my friend **come to our class**.	나는 내 친구가 우리반에 오도록 시켰다.
4	She **had** me **love someone else**.	그녀는 내가 다른 사람을 사랑하도록 시켰다.
5	Jeff **had** her **go to the library**.	제프는 그녀가 도서관에 가도록 시켰다.
6	Chris **had** his sister **use his desk**.	크리스는 여동생이 그의 책상을 사용하도록 시켰다.
7	My grandmother **let** me **buy the car**.	우리 할머니는 내가 차를 사도록 시켰다.
8	She **let** me use **her guitar**.	그녀는 내가 그녀의 기타를 쓰도록 시켰다.
9	Kate **let** him **take some rest**.	케이트는 그가 휴식을 취하도록 시켰다.
10	They **made** me **drive their car**.	그들은 내가 그들의 차를 운전하도록 시켰다.

번역상 위 문장은 모두 어색하지만, '시키다' 의 의미를 최대한 살려 해석해 두었다. 평소 이런 식으로 예쁜 번역이 아닌 직역을 하는 연습을 많이 해야 영어 어순감각이 생기는 데 큰 도움이 됨을 잊지 말자. 영어의 핵심은 어순감각! 해석은 거칠게!

영순법 더더 연습

다양한 5형식 문형, 특히나 '시키다, ~하게 하다' 라는 뜻의 사역동사가 쓰인 문장을 맹연습해보자. 시험영어에서는 매우 중요하게 여기는 문법파트이니 잘 알아두도록 하자.

사역동사와 유사한 의미를 지니는 **get 동사**의 경우 특이하게도 '**get + 목적어 + to+V**' 의 형태로 5형식을 만들어냄을 기억하자.

1	I **had** Sarah **wash** the dishes.	나는 사라가 그릇을 씻게 했어.
2	She **made** me **cook** dinner.	그녀가 내가 저녁 식사를 요리하게 했어.
3	We'll **get** them **to finish** the project.	우리가 그들이 프로젝트를 끝내게 할 거야.
4	He **made** me **do** the laundry.	그는 내가 세탁을 하도록 만들었어.
5	Jenny **got** her brother **to buy** groceries.	제니가 동생에게 식료품을 사오게 했어.
6	Let's **have** Peter **fix** the broken chair.	피터에게 고장난 의자를 고치게 하자.
7	Mom **had** us **clean** the entire house.	엄마가 우리가 집 전체를 청소하게 했어.
8	They **made** Jack **mow** the lawn.	그들이 잭이 잔디를 깎게 했어.
9	I'll **make** her **finish** her homework.	나는 그녀가 그녀의 숙제를 끝내게 할 거야.
10	The teacher **got** the students **to read** the assigned chapters.	선생님은 학생들이 배정된 챕터를 읽게 했어.
11	Don't **let** him **forget** to water the plants.	그가 식물에 물을 주는 것을 잊지 않게 해줘.
12	Sally's parents **made** her **apologize** for the mistake.	샐리의 부모님은 그녀가 실수에 대해 사과하게 했어.
13	Let's **get** everyone **to attend** the meeting.	모두가 회의에 참석하도록 해보자.
14	My boss **made** me **stay** late to finish the report.	내 상사가 나에게 보고서를 마치기 위해 늦게까지 머무르게 했어.

Review Test
공부한 내용을 테스트를 통해 복습해보아요.

A 다음 물음에 답하시오.

① 5형식 문장에서 목적어 다음에 to 쓰면 안되는 동사 셋? ▶

② '영어고수로 가기 위해 반드시 잘 이해해야 하는 형식은? ▶

B 영어단어의 순서를 배열하시오.

③ me　wash　she　made　dishes　the
그녀는 내가 설거지를 하도록 시켰다.

④ had　fix　Jennifer　him　her　phone
제니퍼는 그가 그녀의 전화기를 고치도록 시켰다.

⑤ me　he　his　let　drive　car
그는 내가 그의 차를 운전하도록 시켰다. (허락했다.)

⑥ made　they　go　me　school　to
그들은 내가 학교에 가도록 시켰다.

C 다음을 영작하시오.

⑦ 제프는 학생들이 담배피는 것을 멈추도록 시켰다. ▶

⑧ 나의 선생님은 내가 교실에서 영어로 말하도록 시켰다. ▶

⑨ 그녀는 그녀의 친구가 그녀의 숙제를 하도록 시켰다. ▶

⑩ 나는 나의 엄마가 나의 방으로 들어오도록 허락했다. ▶

Answer

① let, make, have
② 5형식
③ She made me wash the dishes.
④ Jennifer had him fix her phone.
⑤ He let me drive his car.
⑥ They made me go to school.
⑦ Jeff made the students stop smoking.
⑧ My teacher let me speak in English in the class.
⑨ She made her friend do her homework.
⑩ I let my mom come in my room.

24강의 목표
문장에서 아주 많이 쓰이는 'to + V(동사원형)'의 쓰임새에 대해 안다.

24강의 내용
- 영순법 24-1 : to+V : (~하기 위해서)
- 영순법 24-2 : 문장 맨 앞의 to + V

CHAPTER 24

동사원형
to + V
(목적 : ~하기 위해서)

to + V 의 너무나 흔한 쓰임새!

24강 핵심요약강의

큐알코드를 찍으면
핵심 요약강의를 수강하실 수 있습니다.

24. to + V (목적 : ~하기 위해서)

to + V 의 너무나 흔한 쓰임새!

! Watch Out 다음 내용에 유의하자!

마시다 → drink

마시는
마시기에
마시기 위해 → to drink
마시는 것은
마실

동사 앞에 to 를 사용함으로서 매우 다양한 뜻을 만들어 낼 수 있음을 꼭 기억해야 한다. 'to+동사원형' 은 다양한 뜻을 만들어내지만, 단어가 놓여지는 순서감각을 잘 기억하면 to 가 어떤 의미로 사용되었는지 감을 잡을 수 있다.

영순법 24-1
to+V : ~하기 위해서

영순법 24-1강의 핵심

얼핏 보아서는 5형식의 문형인 거 같기도 하지만, 5형식 패턴으로 해석을 했을 때 상당히 어색한 해석이 만들어지는 문장이 있다.
그 때는 'to+동사원형' 을 '~하기 위해서' 라는 해석을 붙여야 한다.
'to+동사원형' 이 '~하기 위해서' 라는 '목적'의 해석이 될 때가 참으로 많다.
영어문장에서 매우 높은 빈도로 사용되는 쓰임이니 우선해서 잘 기억하도록 하자.

We meet Jeff.	We meet Jeff **to learn** English.
우리는 제프를 만난다.	우리는 영어를 **배우기 위해** 제프를 만난다.

- ☑ We meet Jeff **to have a dinner.**   우리는 **저녁을 먹기 위해** 제프를 만난다.
- ☑ We meet Jeff **to make a plan.**   우리는 **계획을 세우기 위해** 제프를 만난다.
- ☑ We meet Jeff **to study together.**   우리는 **같이 공부하기 위해** 제프를 만난다.
- ☑ We meet Jeff **to help poor people.**   우리는 **가난한 사람들을 돕기 위해** 제프를 만난다.
- ☑ We meet Jeff **to exercise together.**   우리는 **같이 운동하기 위해** 제프를 만난다.

다지기를 통해 확실히 내 것으로 만들자!

영순법 다지기 24-1

'~하기 위해서' 라는 뜻을 만들어내는 'to+동사원형' 덩어리에 주목하자!!

1	I need to learn English **to go to U.S.**	나는 **미국에 가기 위해서** 영어를 배워야 한다.
2	She enjoys reading books **to get more knowledge.**	그녀는 **더 많은 지식을 얻기 위해서** 책 읽는 것을 즐긴다.
3	They want to go somewhere **to take some rest.**	그들은 **쉬기 위해서** 어딘가로 가고 싶어한다.
4	We need to go to Yeoksam Station **to meet Jeff.**	우리는 **제프를 만나기 위해서는** 역삼역으로 가야만 한다.
5	The company should change its rules **to make a better work environment.**	회사는 **더 좋은 근무 환경을 만들기 위해서** 규칙을 바꿔야만 한다.
6	Mike had to quit his job **to try what he wants.**	마이크는 **그가 원하는 것을 시도하기 위해서** 일을 그만 둬야만 했다.
7	Kate needed more time **to study for her exam.**	케이트는 **시험대비를 위해 공부할** 시간이 더 필요했다.
8	We must understand the structure of English sentences **to learn English effectively.**	우리는 **영어를 효과적으로 배우기 위해서** 영어 문장 구조를 이해해야만 한다.

영순법 24-2
문장 맨앞의 to + 동사원형

영순법 24-2강의 핵심

영어의 핵심은 영어단어 어순감각이라 했다. (JEFF 강의에서는 콤마도 단어로 인식하며, 단어 어순에는 콤마(,) 도 포함되어 있음을 기억하자.)
'to+동사원형' 표현이 문장의 맨 앞에 나오고 그 뒤에 콤마(,)가 보인다면
'~하기 위해서' 라는 해석을 만들어 내야 한다. (경우에 따라 콤마는 생략될 때도 있으나, 명확한 의미를 담기 위해 꼭 콤마를 붙여 주는 것이 좋다.)

- ☑ **To smoke a cigarette,** you need to get out.　　**담배를 피우기 위해서는** 너는 나가야 한다.
  = You need to get out **to smoke a cigarette**.

위 문장과 같이 to smoke 이하를 뒤로 돌려도 좋은 영어문장이다. 정보의 순서만 바뀐 것이지 내용은 변한 것이 없다. 그 점을 유의하면서 연습해보자!!

- ☑ **To speak English fluently,** you need to practice it.　　영어를 유창하게 하기 위해서 너는 연습을 해야 한다.

- ☑ **To be a fast runner,** you need to exercise every day.　　빨리 달리는 사람이 되기 위해서 너는 매일 운동을 해야 한다.

- ☑ **To be a rich guy,** you need to study hard.　　부자가 되기 위해서 너는 열심히 공부해야 한다.

- ☑ **To take a history exam in the morning,** I need to sleep now.　　아침에 역사 시험을 치기 위해서 나는 지금 자야 한다.

영순법 다지기 24-2

문장의 맨 앞에 'to+동사원형'이 보인다면 그 뒤에 콤마가 있는지 확실히 확인해야 한다. 콤마가 보인다면 콤마 앞은 '~하기 위해서'라는 해석이 될 가능성이 매우 높다.

1	**To go to the army,** we have to exercise regularly.	**군대에 입대하기 위해서** 우리는 주기적으로 운동해야 한다.
2	**To get her trust,** you need to show your ability.	**그녀의 신뢰를 얻기 위해서는** 너는 너의 능력을 보여줄 필요가 있다.
3	**To get accepted** to the college, I need to study every day.	**대학에 붙기 위해서** 나는 매일 공부해야 한다.
4	**To be a responsible person,** I have to write a memo on my diary.	**책임감 있는 사람이 되기 위해서** 나는 수첩에 메모를 한다.
5	**To keep my memory,** I tend to take pictures a lot.	**기억하기 위해** 나는 사진을 많이 찍는 경향이 있다.
6	**To make our appointment,** I called the company.	**약속을 잡기 위해서** 난 그 회사에 전화했다.
7	**To keep his promise with her,** He bought a present.	**그녀와의 약속을 지키기 위해서** 그는 선물을 샀다.
8	**To take a picture,** I bought a new camera.	**사진을 찍기 위해서** 나는 새 카메라를 샀다.
9	**To keep this procedure,** you need to press enter button.	**이 과정을 계속 하려면** 너는 엔터 버튼을 눌러야 한다.
10	**To be a fluent English speaker,** you need to speak English every day.	**영어로 유창하게 말하는 사람이 되기 위해** 너는 매일 영어로 말해야 한다.

Watch Out 다음 내용에 유의하자!

'~하기 위해' 라는 뜻을 만들어낼 때 'to+동사원형' 을 쓴다. 이 때 to 자리에 in order to 혹은 so as to 를 써서 좀 더 뜻을 강하게 만들어 낼 수 있다.

> **~하기 위하여**
> **to** + 동사원형
> = **in order to** + 동사원형
> = **so as to** + 동사원형

▶ 그녀의 신뢰를 얻기 위해서는 너는 너의 능력을 보여줄 필요가 있다.

To get her trust, you need to show your ability.
=
In order to get her trust, you need to show your ability.
=
So as to get her trust, you need to show your ability.

▶ 볼링을 잘하기 위해서는 너는 침착해야 한다.

To get a high score in bowling, you need patience.
=
In order to get a high score in bowling, you need patience.
=
So as to get a high score in bowling, you need patience.

영순법 더더 연습

문장의 뒤에서 '~하기 위해서' 라는 뜻을 만들어 내는 'to+동사원형'의 형태는 매우 매우 빈도가 높다. 이 어순을 알고 있음으로써 영어 문장을 좀 더 길고 세련되게 만들어낼 수 있다. 아래의 문장들을 통해 완전히 내 것으로 만들자!

1	We need to go to the store **to buy groceries**.	우리는 식료품을 사러 가게로 가야 돼.
2	She is going to the gym **to work out**.	그녀는 운동하러 헬스장에 갈 거야.
3	Let's go to the library **to borrow some books**.	책 빌리러 도서관에 가자.
4	He went to the pharmacy **to pick up his prescription**.	그는 처방전을 찾으러 약국에 갔어.
5	They are going to the beach **to enjoy the sun**.	그들은 햇볕을 즐기기 위해 해변을 가려고 한다.
6	I'm heading to the post office **to mail a package**.	나는 소포를 붙이기 위해 우체국으로 가고 있어.
7	Let's go to the park **to have a picnic**.	공원에 피크닉 하러 가자.
8	She's going to the bakery **to buy fresh bread**.	그녀는 신선한 빵을 사기 위해 빵집으로 가고 있다.
9	We should go to the hardware store **to get some tools**.	우리는 도구 몇 개 사러 철물점에 가야 해.
10	They are going to the museum **to see the new exhibit**.	그들은 박물관에 새 전시를 보기 위해 갈 거야.
11	Let's go to the coffee shop **to grab a cup of coffee**.	커피 한잔 사러 커피숍으로 가자.
12	I'm going to the gym **to attend a fitness class**.	나는 피트니스 클래스에 참여하려고 체육관으로 가려고해.
13	We're going to the cinema **to watch a movie**.	우리는 영화 보러 영화관에 갈 거야.
14	He's going to the airport **to pick up his friend**.	그는 친구를 맞으러 공항에 갈 거야.

Review Test 공부한 내용을 테스트를 통해 복습해보아요

A 다음 물음에 답하시오.

① 'to + 동사원형'이 문장 뒤쪽이나, 문장 앞에서 흔히 쓰이는 뜻? ▶

② '~하기 위해서'라는 뜻을 만들어내는 표현 셋은? ▶

B 영어단어의 순서를 배열하시오.

③ went | art | university | I | to | study | to
나는 미술을 공부하기 위해 대학에 갔다.

④ the | to | him | planned | Laura | party | surprise
로라는 그를 놀래기 위해 파티를 계획했다.

⑤ on | subway | the | he | got | visit | Gangnam | to
그는 강남을 방문하기 위해 지하철을 탔다.

⑥ went | school | find | lost | the | watch | they | to | to
그들은 잃어버린 시계를 찾기 위해 학교에 갔다.

C 다음을 영작하시오.

⑦ 론은 사진을 찍기 위해 유럽으로 갔다. ▶

⑧ 나는 친구와 놀기 위해 강남역으로 갔다. ▶

⑨ 그녀는 그녀의 삶을 즐기기 위해 직장에서 은퇴했다. ▶

⑩ 팀은 그의 숙제를 끝내기 위해 파티에 가지 않았다. ▶

Answer

① ~하기 위해서
② to + 동사원형, in order to + 동사원형, so as to + 동사원형
③ I went to university to study art.
④ Laura planned the party to surprise him.
⑤ He got on the subway to visit Gangnam.
⑥ They went to school to find the lost watch.
⑦ Ron went to Europe to take a picture.
⑧ I went to Gangnam station to hang out with my friends.
⑨ She retired from her work to enjoy her life.
⑩ Tim didn't go to the party to finish his homework.

25강의 목표

Be동사 다음의 'to + V(동사원형)'의 쓰임새를 확실히 안다.

25강의 내용

- 영순법 25-1 : Be + to + V(예정/의무/의도)
- 영순법 25-2 : Be + to + V (운명/가능)

CHAPTER
25

be + to + V
(be to 용법)

Be동사 다음에 'to + 동사원형' 이야기

25강 핵심요약강의

큐알코드를 찍으면
핵심 요약강의를 수강하실 수 있습니다.

Be동사 다음에 'to + 동사원형' 이야기

25 be + to + V (be to 용법)
동사

> **Watch Out** 다음 내용에 유의하자!

1. My plan is simple. 내 계획은 단순하다.
2. My plan is to travel abroad. 내 계획은 해외로 여행하는 것이다.

Be 동사 뒤에 어떤 단어가 나오면 그 단어는 보통 be 동사의 뜻을 보충해준다. 고로 be 동사 뒤에 나오는 표현을 '보어(=보충하는 말)' 이라고 한다.

아래의 예문에서는 to 가 '~하는 것' 이라고 해석되지 않는다.

> **She is to arrive soon.**
> 그녀는 곧 도착하는 ~~것이다.~~
> 그녀는 곧 도착할 예정이다.

'be + 동사원형' 의 표현의 '예정'의 의미를 담고 있는 경우가 많다. 아래 문장들은 모두 to+V 이 '~하는 것' 이라고 해석하면 어색한 문장들이다. 모두 '예정' 의 의미를 담아 해석해야 한다.

- ☑ She **is to study** English. 그녀는 영어를 **공부할 예정이다.**
- ☑ She **is to go** to a graduate school. 그녀는 대학원에 **다닐 예정이다.**
- ☑ She **is to be** a teacher. 그녀는 선생님이 **될 예정이다.**
- ☑ She **is to go** traveling. 그녀는 여행을 **갈 예정이다.**
- ☑ She **is to go out** with him. 그녀는 그와 **데이트 할 예정이다.**

영순법 25-1
be + to + V (예정/의무/의도)

영순법 25-1강의 핵심

BE 동사 다음에 'to+동사원형'이 나올 때 가능한 다양한 해석들이다.
모두 반드시 알아 두어야 하는 빈도가 높은 것들이다. 다섯가지 의미를 꼭 기억하자.
잊지 말자. 언어 공부의 기본은 '암기'에서 출발한다.

예정
예정인 경우 뒤에 미래의 시간표현이 나오는 경우가 많다.

- ☑ We **are to start** basketball match tonight.   우리는 농구 경기를 시작할 **예정**이다.
- ☑ The concert is **to start** in five minutes.   공연이 5분후에 시작될 **예정**이다.
- ☑ We **are to go** traveling next year.   우리는 내년에 여행을 갈 **예정**이다.

의무
의무의 경우 무언가를 해야 하는 명사 혹은 동사 표현이 문장 안에 보인다.

- ☑ You **are to obe**y the law.   당신은 법을 **지켜야만 한다.**
- ☑ You **are to keep** your promise.   당신은 약속을 **지켜야만 한다.**
- ☑ We **are to come** back by 10pm.   우리는 10시까지 **돌아와야 한다.**

의도
의도인 경우 앞에 if 접속사가 보이는 경우가 많다.

- ☑ If you **are to succeed,** you have to study hard.
  당신이 **성공할 의도라면**, 당신은 열심히 공부해야 합니다.

- ☑ If you **are to come back,** I will not wait.
  당신이 **돌아올 의도라면**, 나는 당신을 기다리지 않겠어요.

- ☑ If you **are to master** English, you must take Jeff's class.
  당신이 영어를 **정복할 의도라면**, 제프의 수업을 들어야 돼요.

영순법 다지기 25-1

'be+to+동사원형' 어순이 '예정 / 의무 / 의도' 중 어떤 뜻으로 쓰였는지 구분하여 다음 문장들을 잘 해석해보자.

1	We **are** about **to departure** soon.	우리는 곧 출발할 예정이다.
2	You **are to follow** my instruction.	너는 나의 지시를 따라야 한다.
3	The movie **is to start** in one minute.	이 영화는 1분 후에 시작할 예정이다.
4	We **are to pay** back his money.	우리는 그의 돈을 갚아야 한다.
5	I **am** about **to leave** this place.	나는 이곳을 떠날 예정이다.
6	She **is to call** him tomorrow.	그녀는 내일 그에게 전화할 예정이다.
7	If you **are to travel,** you need money.	여행 갈 의도라면, 너는 돈이 필요할 것이다.
8	If you **are to go abroad,** make sure to prepare thoroughly.	너가 해외로 나갈 의도라면, 철저히 준비해라.
9	I **am to arrive** at midnight.	나는 자정에 도착할 예정이다.
10	We **are to leave** here right now.	우리는 여기를 당장 떠나야 한다.

📝 English Proverb

Make hay while the sun shines.

해가 비칠 때 건초를 만들어라.

기회가 있을 때 즉시 행동하고 최선을 다해 그 기회를 활용해야 합니다. 생각보다 기회는 순식간에 없어지기도 하니까요…

be + to + V (운명/가능)

영순법 25-2강의 핵심

이번에는 'be+to+동사원형' 어순에 '운명'과 '가능'이라는 뜻이 포함된 문장들을 살펴보자.

운명
He **is never to** return to his hometown.
그는 절대로 고향에 돌아오지 못할 **운명**이였다.

가능
Nobody **is to be** seen here.
(여기서 아무도 보이지 않았다.) = (보일 **가능**성이 없었다.)

예정
의무
의도
운명
가능

다시 복습하지만 'be + to + V'의 해석법에는 크게 위 **다섯 가지의 방법**이 있다. 이것을 잘 암기하고 있어야 문장 해석에 어려움이 생기는 것을 막을 수 있다.
언어 학습의 기본은 암기! 암기를 게을리하면 영어를 잘 할 수 없다. 당신은 할 수 있다!

영순법 더더 연습

'be+to+동사원형' 어순에서 빈도수가 높은 '예정' 의미를 맹연습해보자. '예정'의 경우 보통 그 뒤에 미래의 시점을 나타내는 시간표현이 자주 등장함에 주목하자.

1	I **am to meet** him at the coffee shop tomorrow morning.	나는 내일 아침 커피샵에서 그를 만날 예정이야.
2	They **are to arrive** at the airport by 3 PM.	그들은 오후 3시까지 공항에 도착할 예정이야.
3	She **is to submit** the report by the end of the week.	그녀는 주말까지 보고서를 제출할 예정이야.
4	We **are to start** the meeting in 15 minutes.	우리는 15분 후에 회의를 시작할 예정이야.
5	He **is to attend** the conference next month.	그는 다음 달에 그 회의에 참석할 예정이야.
6	The package **is to be delivered** to my house tomorrow.	소포는 내 집으로 내일 배송될 예정이야.
7	We **are to finish** the project by the deadline.	우리는 마감일까지 프로젝트를 완료할 예정이야.
8	The event **is to take** place at the community center.	그 행사는 지역 센터에서 개최될 예정이야.
9	She **is to receive** the award for her achievements.	그녀는 자신의 성취에 대한 상을 받을 예정이야.
10	They **are to announce** the winners on live television.	그들은 생방송으로 우승자들을 발표할 예정이야.
11	The new product **is to be** launched next week.	새 제품은 다음 주에 출시될 예정이야.
12	We **are to discuss** the proposal during the meeting.	우리는 회의 중에 제안에 대해 논의할 예정이야.
13	He **is to take** the lead in the upcoming project.	그는 다가오는 프로젝트에서 주도할 예정이야.
14	They **are to perform** the play at the theater downtown.	그들은 도심 극장에서 연극을 공연할 예정이야.

Review Test
공부한 내용을 테스트를 통해 복습해보아요.

A 다음 물음에 답하시오.

① be + to + 동사원형'의 특별한 뜻 다섯가지? ▶

② '언어' 학습의 기본은? ▶

B 영어단어의 순서를 배열하시오.

③ She is at the two hours later arrive to airport

그녀는 두 시간 후에 공항에 도착할 예정이다.

④ are follow to the traffic citizens signs

시민들은 교통표지판을 따라야 한다.

⑤ the join to army, if are you you must exercise hard

네가 군대에 입대할 의도라면 너는 열심히 운동해야 한다.

⑥ are visit zoo the they next to week

그들은 다음주에 동물원을 방문할 예정이다.

⑦ stay in silent the classroom are you to

너는 교실에서 조용한 채로 머물러야 한다.

⑧ he to is if come tomorrow, back by he should leave right now

그가 내일까지 돌아올 의도라면, 그는 당장 떠나야 한다.

Answer

① 예정, 의무, 의도, 운명, 가능
② 암기
③ She is to arrive at the airport two hours later.
④ Citizens are to follow the traffic signs.
⑤ If you are to join the army, you must exercise hard.
⑥ They are to visit the zoo next week.
⑦ You are to stay silent in the classroom.
⑧ If he is to come back by tomorrow, he should leave right now.

*One language sets you
in a corridor for life.
Two languages open every door
along the way.*

한 가지 언어는 당신을 평생 하나의 복도에 머물게 하지만,
두 가지 언어는 가는 길마다 모든 문을 열어준다.

언어심리학자 Frank Smith

26강의 목표

명사 다음의 'to + v(동사원형)'의 쓰임새에 대해 안다.

26강의 내용

- 영순법 26-1 : '명사 + to + V(동사원형)' 기본
- 영순법 26-2 : '명사 + to + V(동사원형) + 전치사'

CHAPTER
26

명사 + to + V

명사 다음에 'to + 동사원형' 이야기

26강 핵심요약강의

큐알코드를 찍으면
핵심 요약강의를 수강하실 수 있습니다.

26. 명사 + to + V

명사 다음에 'to + 동사원형' 이야기

영순법 26-1
명사 + to + V 의 기본

> **영순법 26-1강의 핵심**
>
> '명사+to+동사원형' 어순은 수식구조로써 영어에서 매우 잘 나오는 어순이다. 꼭 기억하고 있어야 한다.
> 'to+동사원형' 덩어리가 앞의 명사를 꾸며주는 해석이다. **to의 해석을 '~하는/~할'** 로 한다.

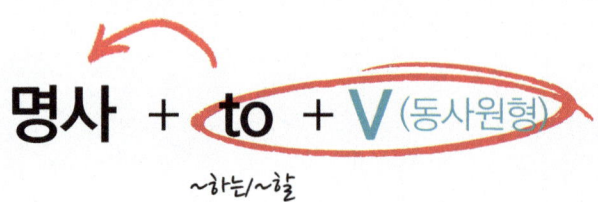

I have friends.
나는 친구들이 있다.

I have friends to help me.
나는 **나를 도와줄** 친구들이 있다.

- ☑ I have friends **to support me**.　　나는 나를 지원해줄 친구들이 있다.
- ☑ I have friends **to visit**.　　나는 방문할 친구들이 있다.
- ☑ I have friends **to give me some help**.　　나는 나에게 도움을 줄 친구들이 있다.

다지기를 통해 확실히 내 것으로 만들자!
영순법 다지기 26-1

'명사 + to + 동사원형' 어순은 명사를 뒤에서 수식하는 구조로 영어에서 매우 빈도수가 높은 어순이다. 완전히 내 것으로 만들자!
(엄밀히 말해 to 앞에 명사가 아닌 대명사가 오는 경우도 있으나 JEFF 영순법에서는 대명사와 명사를 크게 구분하지 않습니다. 보다 단순한 이해를 목적으로 대명사를 명사와 동등하게 생각합니다.)

1	I need something **to drink**.	나는 마실 무언가가 필요하다.
2	He has many things **to do today**.	그는 오늘 할 일이 많다.
3	She has many books **to read**.	그녀는 읽을 책이 많다.
4	He has lots of money **to give**.	그는 줄 돈이 많다.
5	You have lots of hats **to wear**.	너는 쓸 모자가 많다.
6	I have more clothes **to change**.	나는 갈아입을 옷이 더 있다.
7	Ben has nothing **to say**.	벤은 할 말이 없다.
8	I have something **to tell you**.	나는 너에게 말할 무언가가 있다.
9	She has a lot of money **to spend**.	그녀는 쓸 돈이 많다.
10	We have some information **to give you**.	우리는 너에게 줄 정보가 있다.

삶의 지혜를 주는
✏️ **English Proverb**

Nothing ventured, nothing gained.

모험 없이는 얻는 것도 없다.

새로운 것을 시도하지 않으면 아무것도 얻을 수 없겠지요? 실패를 두려워하지 않고 용기 있게 도전하는 자세가 중요합니다!

영순법 26-2
명사 + to + V + 전치사

> **영순법 26-2강의 핵심**
>
> '명사+to+동사원형'의 어순에서 to+동사원형이 앞의 명사를 수식할 수 있다고 배웠다.
> 하지만, **여기서 유의할 점이 있다.**
> 'to+동사원형'이 앞의 명사를 꾸밀 때 그냥 꾸미는 것이 아니라 동사원형 다음에 반드시 전치사를 써야 하는 경우가 있다.
> 전치사를 써야 하는지, 쓴다면 어떤 전치사를 써야 하는지를 아는 방법은 <u>**꾸밈을 받는 명사를 'to+동사원형' 뒤로 써보면 판단이 된다.**</u>

I need water **to drink**. (O)
나는 마실 물이 필요하다.

I need a house **to live**. (X)
I need a house **to live** in. (O)
나는 살 집이 필요하다.

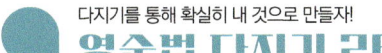
영순법 다지기 26-2

문장에서 '명사+to+동사원형' 의 어순이 독립적으로 보여야 한다. 그리고 그 뒤에 전치사가 있다면 전치사도 한 덩어리로 보여야 한다. 아래 문장들은 모두 전치사가 별도로 필요한 표현들이다.

1	I need a chair **to sit on**.	나는 앉을 의자가 필요하다.
2	I have my house **to live in**.	나는 살 나의 집이 있다.
3	I have friends **to talk to**.	나는 이야기 할 친구들이 있다.
4	Give me a pen **to write with**.	나는 쓸 펜이 필요하다.
5	I need more paper **to write on**.	나는 쓸 종이가 필요하다.
6	I have friends **to play with**.	나는 같이 놀 친구들이 있다.
7	I have friends **to travel with**.	나는 여행을 같이 할 친구들이 있다.
8	Kate has many online friends **to chat with**.	케이트는 채팅 할 온라인 친구가 많다.

영순법 더더 연습

일상 영어회화에서 많이 등장하는 '명사 + to + 동사원형' 의 어순을 완전히 내 것으로 만들어보자!

1	She has **a book to read**.	그녀는 읽을 책이 있어.
2	They need **a place to stay**.	그들은 머무를 곳이 필요해.
3	He wants **a dog to adopt**.	그는 입양할 개를 원해.
4	I have **a question to ask**.	나는 물어볼 질문이 있어.
5	She gave me **a reason to smile**.	그녀는 나에게 웃는 이유를 주었어.
6	They provided **a list to follow**.	그들은 따라야할 목록을 제공했어.
7	He bought **a bike to ride**.	그는 탈 자전거가 있어.
8	I brought some **snacks to share**.	나는 나눠 먹을 간식을 좀 가져왔어.
9	We have **a plan to execute**.	우리에게 실행할 계획이 있어.
10	She wrote **a letter to send**.	그녀는 보낼 편지를 썼어.

Review Test

공부한 내용을 테스트를 통해 복습해보아요.

A 다음 물음에 답하시오.

① '명사 + to + 동사원형'에서 to의 해석법? ▶

② '명사 + to + 동사원형'에서 동사원형 뒤에 전치사가 필요한 지 판단하는 방법은? ▶

B 영어단어의 순서를 배열하시오.

③ doesn't she a credit card buy have clothes to

그녀는 옷을 사기 위한 신용카드를 가지고 있지 않다.

④ needs to breakfast he time eat

그는 아침을 먹기 위한 시간을 필요로 한다.

⑤ want I computer to new homework my a do

나는 나의 숙제를 하기 위해 새로운 컴퓨터를 원한다.

⑥ more to buy car that we need money

우리는 저 차를 사기 위한 더 많은 돈을 필요로 한다.

C 다음을 영작하시오.

⑦ 앨리스는 파티에 입고 갈 멋진 드레스를 원한다. ▶

⑧ 그들은 시험을 준비할 더 많은 시간을 필요로 한다. ▶

⑨ 그는 글을 쓸 몇 장의 종이를 필요로 한다. ▶

⑩ 아기는 가지고 놀 장난감을 원한다. ▶

Answer

① ~하는, ~할
② 명사를 'to+동사원형' 뒤로 옮겨볼 것!
③ She doesn't have a credit card to buy clothes.
④ He needs time to eat breakfast.
⑤ I want a new computer to do my homework.
⑥ We need more money to buy that car.
⑦ Alice wants a nice dress to wear to the party.
⑧ They need more time to prepare for the exams.
⑨ He needs some paper to write on.
⑩ The baby wants a toy to play with.

27강의 목표

형용사 다음의 to + V(동사원형)의 쓰임새에 대해 안다.

27강의 내용

- **영순법 27-1**: 형용사 + to + V
- **영순법 27-2**: 형용사 + enough + to + V

CHAPTER
27

형용사 + to + V⁽동사⁾

형용사 다음에 'to + 동사원형' 이야기

27강 핵심요약강의

큐알코드를 찍으면
핵심 요약강의를 수강하실 수 있습니다.

27. 형용사 + to + V (동사)

형용사 다음에 'to + 동사원형' 이야기

영순법 27-1
형용사 + to + V

영순법 27-1강의 핵심

문장에서 '형용사+to+동사원형'의 어순이 보인다면 to 는 '**~하기에**' 라는 해석이 떠올라야 한다.
그럼 문장의 해석의 틀이 잡힌다. (부디 무슨무슨 용법 이야기는 접어두기로 하자.)

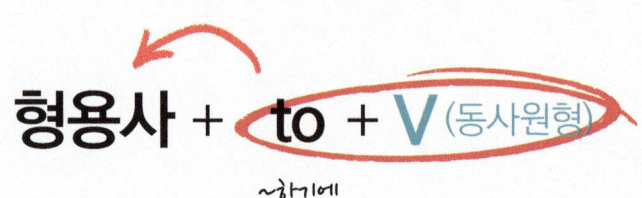

형용사 + to + V (동사원형)
~하기에

This water is safe.
이 물은 안전하다.

This water is safe to drink.
이 물은 **마시기에** 안전하다.

- ☑ This water **is safe to use**.   이 물은 **사용하기에** 안전하다.
- ☑ This water **is safe to take**.   이 물은 **가져가기에** 안전하다.
- ☑ This water **is safe to buy**.   이 물은 **사기에** 안전하다.
- ☑ This water **is safe to import**. 이 물은 **수입하기에** 안전하다.

영순법 다지기 27-1

아래의 문장들은 모두 '형용사+to+동사원형'의 어순이 포함된 문장들이다. 그 핵심 어순이 눈에 띄어야 해석이 잡힌다. <u>to 가 '~하기에'</u> 라고 해석됨에 주목하자!

1	This is **difficult to answer**.	이것은 답하기에 어렵다.
2	This book is **easy to read**.	이 책은 읽기에 쉽다.
3	English is **hard to study** alone.	영어는 혼자 공부하기에 어렵다.
4	This house is **huge to live** alone.	이 집은 혼자 살기에 크다.
5	The car is **expensive to buy**.	그 차는 사기에는 비싸다.
6	Our teacher is too **young to retire**.	우리 선생님은 은퇴하기에는 너무 젊다.
7	This textbook is **heavy to carry**.	이 교과서는 들고 다니기에 무겁다.
8	He was **happy to get her** letter.	그는 그녀의 편지를 받고서 기뻤다.
9	We were **glad to meet** you.	우리는 당신을 만나서 기뻤다.
10	I was **sad to say** good-bye.	나는 작별 인사를 하게 되어서 슬펐다.

'형용사+to+V' 에서 형용사가 **사람의 감정**을 나타내는 형용사의 경우,
뒤에 나오는 'to+V' 이 앞 형용사의 **원인**이 되는 경우로 본다.

영순법 27-2
형용사 + enough + to + V

영순법 27-2강의 핵심

'형용사 + to + 동사원형' 에서 to 앞에 enough 가 끼어 들어간 형태이다.
'~하기에 충분히' 라는 해석을 떠올리면 된다.

형용사 + **enough** + to + V(동사원형)
~하기에 충분히

This water is safe.
이 물은 안전하다.

This water is safe to drink.
이 물은 **마시기에** 안전하다.

This water is safe enough to drink.
이 물은 마시기에 충분히 안전하다.

- ☑ This water is safe **enough** to use. 이 물은 사용하기에 **충분히** 안전하다.
- ☑ This water is safe **enough** to take. 이 물은 가져가기에 **충분히** 안전하다.
- ☑ This water is safe **enough** to buy. 이 물은 사기에 **충분히** 안전하다.
- ☑ This water is safe **enough** to import. 이 물은 수입하기에 **충분히** 안전하다.

영순법 다지기 27-2

문장에 있는 여러 단어들이 동등한 자격으로 보여서는 안된다. JEFF가 강조하는 어순이 도드라지게 보여야 한다. '**형용사 + enough + to + V**' 어순이 보이다면 그 단어들의 어순이 확실히 도드라지게 보이고, 그 어순이 만들어내는 뜻을 정확히 알고 있어야 한다. 그래야 영어가 된다. 잊지말자! 영어의 핵심은 단어순서감각!

1	He is **strong enough to lift** this box.	그는 이 박스를 들기에 충분히 힘이 세다.
2	She is **smart enough to solve** this problem.	그녀는 이 문제를 풀기에 충분히 똑똑하다.
3	He is **brave enough to go abroad** to study.	그는 유학을 가기에 충분히 용감하다.
4	You are **tall enough to make** dunk shoot.	너는 덩크슛을 할 정도로 충분히 크다.
5	He is **strong enough to be** a leader.	그는 리더가 되기에 충분히 강하다.
6	She was **talented enough to be** a famous singer.	그녀는 유명한 가수가 되기에 충분히 재능이 있었다.
7	He is **old enough to drive**.	그는 운전하기에 충분한 나이이다.
8	Textbook was **cheap enough to buy**.	교과서는 구매하기에 충분히 저렴했다.
9	It was not **important enough to be cared**.	그것은 관심을 받을 만큼 충분히 중요하지 않았다.
10	My son is **old enough to be married**.	내 아들은 결혼할 만큼 충분히 나이가 들었다.

✓ Review Test
공부한 내용을 테스트를 통해 복습해보아요.

A 다음 물음에 답하시오.

① '형용사 + to + 동사원형'에서 to의 해석법? ▶

② 'enough, 형용사, 동사원형, to' 이 네 단어를 영어 어순에 맞게 배열하면? ▶

B 영어단어의 순서를 배열하시오.

③ book   fun   the   is   read   to
그 책은 읽기에 재미있다.

④ lucky   to   lottery   the   she   is   win
그녀는 복권에 당첨되기에 운이 좋다.

⑤ is   far   too   to   walk   Seoul   away
서울은 걷기에 너무나 멀리 떨어져 있다.

⑥ question   easy   answer   to   without   this   is   hesitation
이 질문은 망설임없이 대답하기에 쉽다.

C 다음을 영작하시오.

⑦ 그녀는 그 가방을 사기에 충분히 부유하지 않다. ▶

⑧ 스캇은 그 팀에서 플레이 하기에 충분히 숙련되어 있다. ▶

⑨ 그들은 아이비리그에 들어가기에 충분히 똑똑하다. ▶

⑩ 데이비드는 배우가 되기에 충분히 재능이 있다. ▶

Answer

① ~하기에
② 형용사 + enough to + 동사원형
③ The book is fun to read.
④ She is lucky to win the lottery.
⑤ Seoul is too far away to walk.
⑥ This question is easy to answer without hesitation.
⑦ She is not rich enough to buy that bag.
⑧ Scott is skillful enough to play in the team.
⑨ They are smart enough to enter the Ivy League.
⑩ David is talented enough to become an actor.

28강의 목표
- 수동태의 기본개념을 안다.
- 수동태 기본 해석법 be + p.p
  ① ~하게 되다/되어 지다.
  ② ~당하다.

28강의 내용
- 영순법 28-1 : 수동태 개념 및 현재형 연습
- 영순법 28-2 : 수동태 과거형 연습

CHAPTER
28

수동태 기본
(be + p.p.)

JEFF 식으로 수동태 기본을 정복하자!

28강 핵심요약강의

큐알코드를 찍으면
핵심 요약강의를 수강하실 수 있습니다.

28. 수동태 기본 (be + p.p.)

JEFF 식으로 수동태 기본을 정복하자!

영순법 28-1
수동태 개념 / 현재형 연습

영순법 28-1강의 핵심

Be동사가 나오고 그 뒤에 p.p. (과거분사) 형태가 따라붙는 동사형태가 있다.
이를 '수동태'라 하고 기본 해석법은 '~되다/되어 지다/당하다' 등으로 하면 된다.

be + p.p ~by
~되다   ~의해서

- ☑ The book **is bought by** me.   그 책은 나에 의해 구매된다.
- ☑ The book **is sorted by** me.   그 책은 나에 의해 정리된다.
- ☑ The book **is burnt by** me.   그 책은 나에 의해 탄다.
- ☑ The book **is written by** me.   그 책은 나에 의해 쓰여진다.

Watch Out 다음 내용에 유의하자!

> I love you. 나는 너를 사랑한다.
> You are loved by me. 너는 나에 의해 사랑받는다.

주어가 다른 위 두 문장은 완전히 다른 느낌의 문장임을 알자!
항상 그러한 것은 아니지만, 영미인들은 보통 '주어에 강세'를 두어 문장을 만들어낸다고 생각하면 이해가 쉽다.
절대 능동태니 수동태니 구분하면서 같은 의미의 문장으로 알고 있는 경우가 많은데, 절대 그렇지 않다! 어감이 다른 문장이다!

'be+p.p.+by' 의 단어 배열에 주의하면서 아래 문장들을 연습해보자.

1	This car **is made by** Hyun-Dai.	이 차는 현대에 의해서 **만들어진다**.
2	The boy **is helped by** Jeff.	그 소년은 JEFF에 의해서 **도움받는다**.
3	The room **is cleaned by** me every day.	그 방은 나에 의해 매일 **청소된다**.
4	English **is spoken by** Americans.	영어는 미국인에 의해 **말해진다**.
5	People **are moved by** a movie.	사람들은 그 영화에 **감동받는다**.
6	The article **is written by** a famous writer.	이 기사는 유명한 작가에 의해서 **쓰여진다**.
7	The man **is respected by** many people.	이 사람은 많은 사람들에 의해 **존경받는다**.
8	The car **is made by** one of the most well-known car companies.	이 차는 아주 잘 알려진 회사 중 하나에서 **만들어진다**.
9	Two hundred people **are employed by** company.	200명이 그 회사에 의해 **고용되어 있다**.
10	Harry Potter series **is written by** J.K. Rowling.	해리포터 시리즈는 조앤 K. 롤링에 의해서 **쓰여진다**.

English Proverb

Practice makes perfect.

연습이 완벽을 만든다.

반복적인 연습과 꾸준한 노력! 이것이 유일한 완벽함의 비밀이 아닐까요? 포기하지 않고 끈기 있게 연습하는 자세가 성공을 이룰 수 있게 해 줍니다.

영순법 28-2
수동태 과거형 연습

> **영순법 28-2강의 핵심**
>
> '**~되었다**' 라는 과거형의 수동태 문장도 많이 쓰인다.
> Be 동사의 모양이 **was 혹은 were 로 나타난다.** 그 뒤에 p.p. 형이 오는 것은 동일하다.

was / were + p.p ~ by
~되었다   ~의해서

- ☑ The book **was bought by** me.   그 책은 나에 의해 **구매되었다.**
- ☑ The book **was sorted by** me.   그 책은 나에 의해 **정리되었다.**
- ☑ The book **was burnt by** me.   그 책은 나에 의해 **탔었다.**
- ☑ The book **was written by** me.   그 책은 나에 의해 **쓰였었다.**

영순법 다지기 28-2

be 동사 부분을 was, were 과거형으로 쓰면 과거형의 수동태 문장이 만들어진다. 과거의 일을 나타낼 때는 was, were 를 쓰자.

1	The room **was cleaned by** me yesterday.	그 방은 나에 의해 어제 **청소되었다**.
2	In the 18th century, English **was spoken by** Americans.	18세기에 영어는 미국인에 의해 **말하여졌다**.
3	People **were moved by** the movie.	사람들은 그 영화에 **감동받았다**.
4	I **was raised by** my aunt.	나는 내 이모에 의해서 **길러졌다**.
5	This present **was given by** him yesterday.	이 선물은 어제 그에 의해 **주어졌다**.
6	You **were born in** Seoul.	너는 서울에서 **태어났다**.
7	The necklace **was made by** the artist.	이 목걸이는 아티스트에 의해 **만들어졌다**.
8	The person **was respected by** many students.	이 사람은 많은 학생들로부터 **존경받았다**.
9	Two hundred people **were employed by** the company.	200명이 그 회사에 의해 **고용되었다**.
10	Harry Potter series **was written by** Joan K. Rowling.	해리포터 시리즈는 J.K. 롤링에 의해서 **쓰여졌다**.

Review Test

공부한 내용을 테스트를 통해 복습해보아요.

A 다음 물음에 답하시오.

① 'be + p.p'의 기본 해석법은? ▶

② 'be + p.p' 다음의 by의 해석법은? ▶

B 영어단어의 순서를 배열하시오.

③ was made by Jeff chair the
그 의자는 제프에 의해서 만들어졌다.

④ was flower planted him by the
그 꽃은 그에 의해서 심어졌다.

⑤ was call answered her mom the by
그 전화는 그녀의 엄마에 의해서 받아졌다.

⑥ was Lord of the Rings not written by Jeff the
반지의 제왕은 제프에 의해서 쓰여지지 않았다.

C 다음을 영작하시오.

⑦ 그 질문은 천재에 의해서 풀어졌다. ▶

⑧ 그 창문은 어제 제프에 의해서 깨졌다. ▶

⑨ 전화기는 톰에 의해서 발명되어지지 않았다. ▶

⑩ 간디는 그의 용감함 때문에 많은 사람들에 의해 존경받는다. ▶

Answer

① ~되다, 되어 지다, 당하다
② ~의해서
③ The chair was made by Jeff.
④ The flower was planted by him.
⑤ The call was answered by her mom.
⑥ The lord of the Rings was not written by Jeff.
⑦ The question was solved by a genius.
⑧ The window was broken by Jeff yesterday.
⑨ The telephone was not invented by Tom.
⑩ Gandhi is respected by many people because of his braveness.

29강의 목표
- 자주 쓰이는 조동사가 포함된 조금 복잡한 수동태에 눈뜬다!

29강의 내용
- 영순법 29-1 : will+be+p.p.
- 영순법 29-2 : 조동사+be+p.p.

CHAPTER
29

조동사가 있는 수동태
(조동사 + be + p.p.)

조동사가 등장하는 조금 복잡해지는 수동태 개념에 눈뜨자!

29강 핵심요약강의

큐알코드를 찍으면
핵심 요약강의를 수강하실 수 있습니다.

29. 조동사가 있는 수동태 (조동사 + be + p.p.)

조동사가 등장하는 조금 복잡해지는 수동태 개념에 눈뜨자!

영순법 29-1
will + be + p.p.

🚩 **영순법 29-1강의 핵심**

조동사와 수동태가 결합하여 문장이 만들어 질 수 있다. 조동사는 동사의 뜻에 '양념'을 쳐 주는 역할이라고 우리는 이미 알고 있다.

'be+p.p'의 수동태 표현에 조동사를 앞에 써 수동태의 의미를 보태어 주는 것으로 이해하자.

주의할 점은 조동사 뒤는 항상 동사원형이 오는 것이 원칙이므로 '**조동사 + be + p.p.**'의 단어배열이 되어야 한다. (is, are 등이 조동사 뒤에는 나올 수 없다.)

will + be + p.p.
~되어질 것이다

Music is played by her.
음악이 그녀에 의해 연주된다.

Music will be played by her.
음악이 그녀에 의해 **연주될 것이다**.

- ☑ Music **will be** perform**ed by** her. — 음악은 그녀에 의해 연주될 것이다.
- ☑ Music **will be** stopp**ed by** her. — 음악은 그녀에 의해 멈출 것이다.
- ☑ Music **will be** download**ed by** her. — 음악은 그녀에 의해 다운로드될 것이다.
- ☑ Music **will be** start**ed by** her. — 음악은 그녀에 의해 시작될 것이다.

영순법 다지기 29-1

문장에서 핵심 단어 순서가 보여야 한다.
여기서는 '조동사+be+p.p'의 어순이 도드라지게 보여야 한다. 수동태 해석에 조동사의 뜻을 더하면 된다.

1	This car **will be used by** JEFF.	이 차는 Jeff에 의해 **사용되어질 것이다.**
2	Music **will be played by** her.	음악이 그녀에 의해 **연주될 것이다.**
3	Many friends **will be invited** this year.	많은 친구들이 올해 **초대될 것이다.**
4	I **will be taught by** a famous singer.	나는 유명한 가수에 의해 **배워질 것이다.**
5	The thief **will be caught by** the police.	도둑은 경찰에 의해서 **잡힐 것이다.**
6	The present **will be given by** Jeff.	그 선물은 제프에 의해서 **주어 질 것이다.**
7	A famous book **will be written by** me.	유명한 책은 나에 의해 **쓰일 것이다.**
8	Your bread **will be made** soon.	너의 빵은 곧 **만들어 질 것이다.**
9	Your answer **will be recorded** on this form.	너의 답은 이 양식에 **기록되어질 것이다.**
10	His passport **will be issued** by afternoon.	그의 여권은 오후까지 **발행될 것이다.**

영순법 29-2
조동사 + be + p.p.

영순법 29-2강의 핵심

조동사+be+p.p 의 단어배열에 유의하여야 한다.
아래에서는 will 이외의 다양한 조동사와 결합된 수동태 문장을 보자.

can + be + p.p.
~되어질 수 있다

Music is played by her.
음악이 그녀에 의해 연주된다.

Music can be played by her.
음악이 그녀에 의해 **연주되어 질 수 있다.**

더 연습해보자!

- ☑ Music **can be performed by** her.   음악은 그녀에 의해 연주될 수 있다.
- ☑ Music **can be stopped by** her.   음악은 그녀에 의해 멈춰질 수 있다.
- ☑ Music **can be downloaded by** her.   음악은 그녀에 의해 다운로드 될 수 있다.
- ☑ Music **can be started by** her.   음악은 그녀에 의해 시작될 수 있다.

다지기를 통해 확실히 내 것으로 만들자!
영순법 다지기 29-2

조동사가 가지고 있는 뜻에 유의하여 수동태의 해석에다 양념을 잘 치는 것이 중요하다. 앞에서 배운 조동사들을 가지고 수동태를 좀 더 연습해보자.
(*아래 예문의 우리말로 볼 때는 다소 어색하지만 수동태 뜻을 최대한 살려 해석하였습니다.)

1	The lyrics **can be written by** anyone.	이 가사는 누구나에 의해 **쓰여질 수 있다**.
2	The car **can be made by** Tom.	자동차는 톰에 의해서 **만들어 질 수 있다**.
3	Iron man suit **cannot be made by** anyone.	아이언맨 수트는 아무나에 의해 **만들어 질 수 없다**.
4	This **cannot be done!**	이런 일이 **일어나 질 수 없어!**
5	The car **must be fixed** right now.	그 차는 당장 **수리되어야 한다**. (*must : ~해야 한다.)
6	Music **must be played by** her.	음악이 그녀에 의해 **연주되어야 한다**.
7	We **might be rescued by** others.	우린 다른 이들에 의해 **구조될지도 모른다**. (*might : ~일지도 모른다.)
8	The promise **may be kept by** Tom.	그 약속은 탐에 의해서 **지켜질지도 모른다**.
9	The promise **may not be kept**.	그 약속은 **지켜지지 않을지도 모른다**.

삶의 지혜를 주는 English Proverb

Slow and steady wins the race.

천천히 꾸준히 가는 것이 경주에서 승리한다.

서두르지 않고 꾸준히 노력하는 자세! 무슨 일이나 일관성 있게 지속적으로 노력하는 것이 가장 중요합니다!

영순법 더더 연습

조동사가 들어간 수동태 표현을 can 을 이용하여 한번 더 맹연습해보자.
'조동사 + be + p.p.' 의 어순을 잘 기억하고, can 의 의미를 반드시 넣어 해석해보자. 또한 반대로 영작에도 도전해보자!

1	The cake **can be baked** by Mary.	케이크는 메리에 의해 **구워질 수 있어.**
2	The book **can be read** by Sarah.	책은 사라에 의해 **읽힐 수 있어.**
3	The house **can be built** by the construction team.	그 집은 건설 팀에 의해 **지어질 수 있어.**
4	The song **can be sung** by the talented vocalist.	뛰어난 보컬리스트에 의해 **그 노래가 불려질 수 있어.**
5	The decision **can be made** by the committee.	결정은 위원회에 의해 **만들어질 수 있어.**
6	The message **can be conveyed** by the messenger.	메시지는 메신저에 의해 **전달될 수 있어.**
7	The painting **can be created** by the artist.	그림은 화가에 의해 **그려질 수 있어.**
8	The repairs **can be done** by the skilled mechanic.	수리는 숙련된 정비공에 의해 **이루어질 수 있어.**
9	The experiment **can be conducted** by the scientists.	실험은 과학자들에 의해 **수행될 수 있어.**
10	The document **can be reviewed** by the legal team.	문서는 법률 팀에 의해 **검토될 수 있어.**
11	The code **can be written** by the programmer.	코드는 프로그래머에 의해 **작성될 수 있어.**
12	The speech **can be delivered** by the speaker.	연설은 연설자에 의해 **전달될 수 있어.**
13	The announcement **can be made** by the spokesperson.	발표는 대변인에 의해 **이뤄질 수 있어.**
14	The play **can be performed** by the actors.	연극은 배우들에 의해 **공연되어 질 수 있어.**
15	The task **can be accomplished** by the team.	작업은 팀에 의해 **완료될 수 있어.**

Review Test
공부한 내용을 테스트를 통해 복습해보아요.

A 다음 물음에 답하시오.

① 'be + p.p의 기본 해석법은? ▶

② 조동사가 있는 수동태의 기본 어순은? ▶

B 영어단어의 순서를 배열하시오.

③ concert | be | the | will | delayed | minutes | ten | for
그 콘서트는 십분 동안 지연되어질 것이다.

④ fossil | be | will | exhausted | fifty | in | years | fuel
화석연료는 50년후에 고갈되어질 것이다.

⑤ house | can | this | built | be | Jeff | by
이 집은 제프에 의해서 지어질 수 있다.

⑥ car | can | the | fixed | by | me | be
그 차는 나에 의해서 수리되어질 수 있다.

C 다음을 영작하시오.

⑦ 약속은 지켜져야만 한다. ▶

⑧ 교육은 모든 시민들에게 제공되어져야만 한다. ▶

⑨ 그는 갑작스럽게 개에 의해서 물릴지도 모른다. ▶

⑩ 그 게임은 비 때문에 취소될지도 모른다. ▶

Answer

① ~되다, 되어 지다, 당하다
② 조동사 + be + p.p
③ The concert will be delayed for ten minutes.
④ Fossil fuel will be exhausted in fifty years.
⑤ This house can be built by Jeff.
⑥ The car can be fixed by me.
⑦ A promise must be kept.
⑧ Education must be provided to all citizens.
⑨ He may be bitten by the dog suddenly.
⑩ The game may be cancelled because of the rain.

*Whether you think you can,
or you can't – you're right.*

당신이 할 수 있다고 생각하든, 할 수 없다고 생각하든, 두 생각 모두 옳다.

Henry Ford

30강의 목표
- by가 나타나지 않는 특별한 수동태가 있음을 안다.

30강의 내용
- 영순법 30: 수동태 문장에서 by를 대신해서 쓴 전치사들 알아보기.

특별한 수동태

이걸 알면 당신도 수동태 전문가 (by를 쓰지 않는 수동태)

30강 핵심요약강의

큐알코드를 찍으면
핵심 요약강의를 수강하실 수 있습니다.

이걸 알면 당신도 수동태 전문가 (by를 쓰지 않는 수동태)

30 특별한 수동태 (by를 쓰지 않는 수동태)

영순법 30

by 대신 쓰이는 전치사들 종류

영순법 30강의 핵심

앞선 강의에서 봤다시피 대부분의 수동태(be+p.p.)는 뒤에 by(~에 의해서) 라는 전치사와 잘 어울린다. 하지만, **몇몇의 동사들은 by 가 아니라 특이한 전치사들과 호응되기도 한다.**

아래 예문들을 보고 by 대신에 쓰는 전치사들을 눈여겨 봐두도록 한다.

우선 be pleased 뒤에는 by 대신에 with 를 씀을 기억하자.

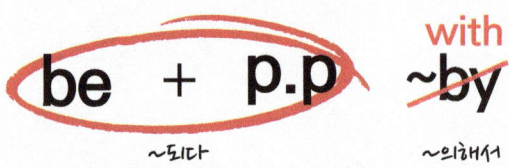

The gift pleased me.
그 선물은 나를 기쁘게 했다.

I was pleased ~~by~~ with the gift.
나는 그 선물에 의해 기뻐졌다.

의역을 하게 되면 나는 그 선물 때문에 기뻤다 라는 표현이 더 적절하다.

- ☑ I **was pleased with** the award. 나는 상에 의해 기뻤다.
- ☑ I **was pleased with** the perfect score. 나는 완벽한 점수에 의해 기뻤다.
- ☑ I **was pleased with** her present. 나는 그녀의 선물에 의해 기뻤다.
- ☑ I **was pleased with** the gift card. 나는 선물카드에 의해 기뻤다.

영순법 다지기 30

by를 쓰지 않는 경우를 더 연습해보자! be 동사 다음의 동사가 아래 예문과 같을 때 by 대신에 다른 전치사를 씀을 기억하자. 문법적으로 본다면 수동태의 범주에 들어가는 문장들이지만, 수동태 개념으로 이해하기 보다는 'be 동사부터 전치사까지를 하나의 숙어'처럼 기억해도 좋다.

1	The floor **is filled with** water.	바닥이 물로 **가득 차 있다**.
2	The mountain **is covered with** snow.	그 산이 눈으로 **덮여 있다**.
3	I **was surprised at** the news.	나는 그 뉴스에 **놀랐다**.
4	I **was interested in** the movie.	나는 그 영화가 **흥미로웠다**.
5	Jeff **is known to** everyone.	Jeff는 모두에게 **알려져 있다**.
6	The house **is made of** bricks.	이 집은 벽돌로 **만들어졌다**.
7	I **was satisfied with** dinner.	나는 저녁에 **만족했다**.
8	I **am worried about** your health.	나는 너의 건강이 **걱정된다**.
9	Kate **was married to** him.	케이트는 그와 **결혼하였다**.
10	This matter **is composed of** oxygen.	이 물질은 산소로 **구성되어 있다**.

🖉 English Proverb
삶의 지혜를 주는

Still waters run deep.

조용한 물이 깊이 흐른다.

빈수레가 요란한 법이죠. 겸손하고 조용한 사람일수록 내면에 더 많은 지혜와 강함을 지니고 있을 수 있습니다. 외적인 과시보다 내면의 깊이를 키우는 것이 중요합니다. 조용히 자신의 길을 걸으며, 꾸준히 노력하는 사람은 결국 진정한 강함과 지혜를 보여줍니다.

Review Test
공부한 내용을 테스트를 통해 복습해보아요.

A 다음 물음에 답하시오.

① be + p.p의 기본 해석법은? ▶

② 아래 빈칸에 적절한 말은? ▶ '영어의 핵심은 단어 _____ 감각!'
STEP 1 의 마지막 퀴즈이네요. 여기까지 오시느라 넘 고생많으셨습니다. ^^

B 영어단어의 순서를 배열하시오.

③ father was disappointed SAT my score at my
나의 아버지는 나의 SAT점수에 의해서 실망되셨다.

④ made wood of the desk is
그 책상은 나무로 만들어진다.

⑤ made grapes from wine is
와인은 포도로 만들어진다.

⑥ is satisfied with new home her she
그녀는 그녀의 새집에 만족하고 있다.

C 다음을 영작하시오.

⑦ 미국은 세계 경제 위기로 인해 놀라게 되었다. ▶

⑧ 그 밴드는 다섯명의 멤버로 구성되어 있다. ▶

⑨ 그 물탱크는 물로 가득차 있었다. ▶

⑩ 땅은 눈으로 덮여 있었다. ▶

Answer

① ~되다, 되어 지다, 당하다
② 순서
③ My father was disappointed at my SAT score.
④ The desk is made of wood.
⑤ Wine is made from grapes.
⑥ She is satisfied with her new home.
⑦ America was surprised at the world economic crisis.
⑧ The band is composed of five members.
⑨ The water tank was filled with water.
⑩ The ground was covered with snow.

부록

꼭 알아야 할 왕초보 문법용어편

01 한국어 vs. 영어

영어왕초보 문법
01강 동영상 Go

한국어는 단어의 순서가 바뀌어도 의미 전달에 문제가 없는 경우가 많다. 다음 두 문장을 살펴보자.

너는 개를 문다.
개를 문다 너는.

위 문장들은 모두 약간 괴기(?)스럽긴 하지만 같은 의미의 문장임을 우리는 알 수 있다. 한국어는 어순이 바뀌어도 의미의 전달은 같다.

하지만, 위 한국어를 똑같이 영어단어를 대입해서 다시 써보자. 영어 문법적으로는 당연히 틀린 문장들이며, 단순히 한국어 단어의 배열에 맞춰 영어단어를 썼음에 유의하자. (단, 한국어 조사의 의미는 무시)

영어를 조금이라도 접한 경험이 있는 분이라면
영어로 썼을 때는 위 문장들이 모두 완전히 다른 의미의 문장이 됨을 금새 알아챌 수 있다.

영어는 동사를 중심으로 앞의 말은 주어(~은/는/이/가) 자격, 뒤의 말은 목적어(~을/를) 자격을 갖는다.
올바른 해석으로 다시 써보면,

You <u>bite</u> the dog. 너는 개를 문다.
The dog <u>bite</u>s you. 개는 너를 문다.

다른 사항은 모두 잊어도 좋다. 한 가지만 꼭 기억하자!
영어는 단어의 순서가 바뀌면 완전히 다른 의미의 문장이 된다!

영어라는 언어의 핵심은 *영어 단어*가 배열되는 순서!

02 영어의 인칭

영어왕초보 문법
02강 동영상 Go

1 인칭 ▶ 나 (I) , 우리들 (We)
2 인칭 ▶ 너, 너희들 (You)
3 인칭 ▶ 1인칭과 2인칭을 제외한 모든 것 (It, He, She, Jeff, Desk, Computer, They)

영어에서 인칭이란 위와 같다. 위에서 주목해야 할 사항은 3인칭 개념이다. 3인칭은 1인칭과 2인칭을 제외한 모든 단어를 지칭하는 말임을 꼭 기억하자!

03 I / my / me

영어왕초보 문법
03강 동영상 Go

아래 표를 반드시 암기해야 한다. 각각의 우리 말에 해당하는 영단어를 반드시 암기해야 한다.
여러 번 읽어 완전히 내 것으로 만들도록 하자. 소유격이니 목적격이니…. 다소 현란한 문법용어는 잠시 미뤄두고, 그냥 여러 번 읽어 내 것으로 만드는 데 집중하자!
우리말 뜻을 보고 영어단어가 바로 떠오를 수 있도록 익숙해져야 한다. 영어를 학습하는 입장에서 알파벳 만큼이나 매우 중요한 암기 과제이다.

• **1인칭**

나는	나의	나를
I	my	me
우리는	우리의	우리를
we	our	us

• **2인칭**

너는	너의	너를
you	your	you
너희들은	너희들의	너희들을
you	your	you

• **3인칭**

그는	그의	그를
he	his	him
그녀는	그녀의	그녀를
she	her	her
그것은	그것의	그것을
it	its	it
그들은	그들의	그들을
they	their	them

04 영어의 단수 / 복수

영어왕초보 문법
04강 동영상 Go

그 소년은 친절하다.
그 소년들은 친절하다.

우리는 한국인 원어민으로 위 두 문장을 정확히 이해하고 두 문장 모두 틀림이 없는 문장임을 알 수 있다. 하지만, 영어로 쓰면 이야기가 달라진다.

> 그 소년은 친절하다. ▶ The boy is kind.
> 그 소년들은 친절하다. ▶ The boys is kind.
>   are

한국어는 어떤 대상이 하나(단수)이냐, 두 개 이상(복수)이냐가 문장에서 크게 중요하지 않다. 하지만, 영어는 하나(단수)이냐, 두 개 이상(복수)이냐가 정말 많이 중요한 개념이다.

특히나 그 단어가 주어의 자격을 가질 때에는 하나이냐 두 개 이상 이냐에 따라 동사의 모양이 변하므로 반드시 단수(하나), 복수(두 개 이상) 개념을 정확히 알아두어야 한다.

단수, 복수의 개념을 확실히 내 것으로 만들자.

- **단수**
  - 하나인 것
  - I, You, He, She, If, Jeff, a book, a pen 등

- **복수**
  - 두 개 이상 인것
  - We, You, They, Books, Pens 등

 ## 3인칭 단수 주어의 중요성

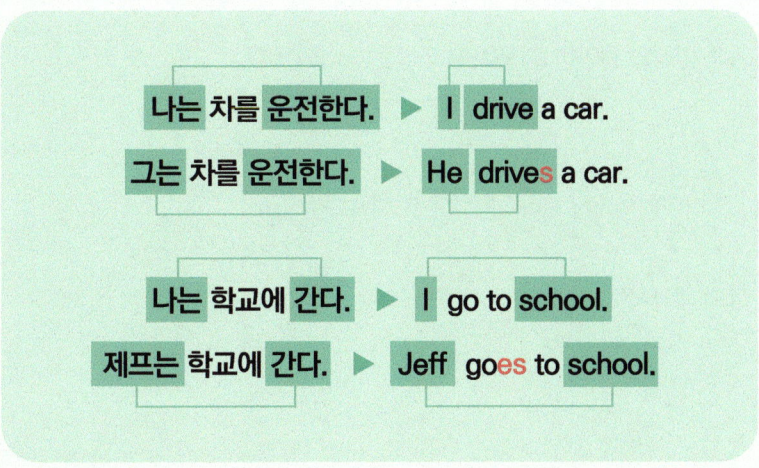

한국어는 주어가 나(I, 1인칭)가 되었든 그(He, 3인칭)이 되었든 동사(운전하다, 간다) 단어에 영향이 없다. (=같은 모양을 취한다.)

하지만, 영어는 주어가 3인칭이고, 단수 개념일 때 동사의 모양이 바뀐다.
한국어와 영어의 결정적 차이 중 하나이고, 이 부분이 영문법을 다루는 시험문제에서 매우 핵심적인 사항이다. (정확히는 주어가 3인칭단수이고, 현재시제일 때 동사에 -s 혹은 -es 를 붙이게 된다.)

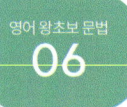 **동사의 종류**

영어는 철저한 동사 중심의 언어이고, 동사의 의미는 아래와 같다.

동사란?
- 동작이나 상태를 나타내는 말 ('~다', '~하다'로 해석되는 말)

영어의 동사는 아래 세가지로 나뉜다.

• **동사의 종류**

Be 동사
- '~이다' 혹은 '~있다' 라는 뜻을 가진 동사
- am, are, is, was, were, been

조동사
- 동사를 도와주는 동사(=동사에 양념을 치는 동사)
- can, will, may, must, should, have to, don't need to 등

일반동사
- Be 동사와 조동사를 제외한 나머지 모든 동사들
- love, swim, eat, drink, work, run, sleep, fight 등

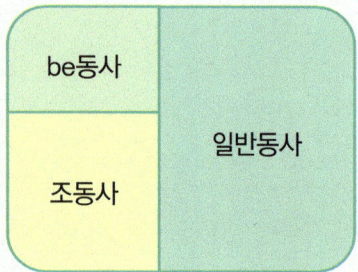

동사의 3단 변화

- **동사의 3단 변화 (불규칙)**

영어를 제대로 구사하기 위해 동사의 3단 변화는 반드시 암기해야 한다. 요령은 영어의 동사 중 -ed 로 끝나는 단어가 아닌 불규칙으로 변하는 동사의 3단변화만 암기하면 된다. 나머지는 다 -ed 로 끝나는 규칙변화라고 생각하자.

- **동사의 규칙 변화 예시**

-ed 를 붙이면 과거형과 과거분사형이 만들어진다.

동사의 기본형(동사원형)	동사의 과거형	동사의 과거분사형
사랑하다	사랑했다	사랑했다
love	**loved**	**loved**
말하다	말했다	말했다
talk	**talked**	**talked**

과거분사형의 해석은 문장 안에서 문맥에 따라 결정된다. 일단은 뒤로 미루고 모양만 잘 기억하자.

- **반드시 암기해야 할 불규칙 변화 동사들**

동사원형	과거형	과거분사형	동사원형	과거형	과거분사형
awake	awoke	awoken	bring	brought	brought
be	was, were	been	build	built	built
become	became	become	buy	bought	bought
begin	began	begun	catch	caught	caught
bite	bit	bitten	choose	chose	chosen
blow	blew	blown	come	came	come
break	broke	broken	cut	cut	cut
do	did	done	drink	drank	drunk
draw	drew	drawn	drive	drove	driven

동사원형	과거형	과거분사형	동사원형	과거형	과거분사형
eat	ate	eaten	freeze	froze	frozen
fall	fell	fallen	get	got	gotten
feed	fed	fed	give	gave	given
lie	lay	lain	go	went	gone
lose	lost	lost	grow	grew	grown
make	made	made	have	had	had
mean	meant	meant	hear	heard	heard
meet	met	met	hide	hid	hidden
pay	paid	paid	hold	held	held
put	put	put	hurt	hurt	hurt
read	read	read	keep	kept	kept
ride	rode	ridden	know	knew	known
rise	rose	risen	lay	laid	laid
run	ran	run	lead	led	led
say	said	said	leave	left	left
see	saw	seen	speak	spoke	spoken
seek	sought	sought	steal	stole	stolen
sell	sold	sold	steal	stole	stolen
send	sent	sent	stand	stood	stood
sing	sang	sung	steal	stole	stolen
sit	sit	sit	swim	swam	swam
sleep	slept	slept	take	took	taken
feel	felt	felt	teach	taught	taught
fight	fought	fought	tell	told	told
find	found	found	think	thought	thought
fly	flew	flown	throw	threw	thrown
forget	forgot	forgotten	win	won	won
forgive	forgave	forgiven	write	wrote	written

영어 왕초보 문법 08 — 품사

품사란?

– 영어단어가 속한 **나라**! 영어의 모든 단어는 아래 8가지 나라(품사)에 속하게 된다. (JEFF 영순법에서는 1, 3, 4, 5, 6 번이 중요하니 그것들을 우선하여 암기하도록 하자!)

1. **명사 (noun)** = 사람 및 이 세상 모든 것의 이름 (book, Jeff, Time, Water 등)
2. **대명사 (pronoun)** = 명사를 대신해서 쓴 말 (I, you, he, she, they, it 등)
3. **동사 (verb)** = 동작이나 상태를 나타내는 말 (go, swim, move, be 등)
4. **형용사 (adjective)** = 명사를 꾸며주는 말 (pretty, kind, strong 등)
5. **접속사 (conjunction)** = 연결시켜 주는 말 (and, but, or, so, because, as 등)
6. **전치사 (preposition)** = 앞말과 뒷말과의 관계를 나타내는 말 (on, at, from, for 등)

   There is a book ─┬─ **on** the desk (책상 위에)
   　　　　　　　　 └─ **under** the desk (책상 아래에)

   I am looking ─┬─ **for** the baby (아기를 찾는다.)
   　　　　　　　└─ **after** the baby (아기를 돌본다.)

7. **부사 (adverb)** = 동사, 형용사, 부사를 꾸며주는 말 (very, much 등)
8. **감탄사 (interjection)** = 감정, 감탄을 나타내는 말 (Oh, Wow, Oops, Olleh 등)

하지만, 아래와 같이 똑 같은 단어라도 여러 품사로 쓰일 수도 있음에 주목하자.

– I know him **well** (부사 : 잘)
– All is **well**. (형용사 : 좋은, 괜찮은)
– This **well** is very deep (명사 : 우물)
– **Well**, Jeff is perfect. (감탄사 : 글쎄, 음…)

> 품사를 모르고서 영어를 할 수는 있다.
> 하지만 영어 강의를 들을 수 없다.
> 반드시 품사 개념을 내 것으로 만들자!

JEFFSTUDY
where your dreams come true

영어자신감! 제프스터디
www.jeffstudy.com

제프스터디는 **영순법(영어단어순서법)** 이라는 JEFF 강사의 독특한 영어학습법으로
많은 기초영어 학습자들에게 큰 도움을 드리고 있는 영어학습 웹싸이트입니다.

JEFF 강사의 재치있고 재밌는 강의, 그리고 영어 문장을 조금씩 길게 늘여가며
영어어순감각을 익히는 강좌는 기존의 고리타분한 영문법 공부로
고통받던 영어학습자들에게 큰 희망이 되고 있습니다.

지금 바로 제프스터디를 방문해 보세요.

당신의 인생에 새로운 기회가 열릴 것입니다.